7人家族の主婦で1日3時間しか使えなかった私が知識ゼロから難関資格に合格した方法

零時間
也能考上的犀利讀書法

媽呀！
我這樣從家庭主婦變成會計師

原尚美 ● 著
賴曉錚 ● 譯

前言

《零時間也能考上的犀利讀書法——媽呀！我這樣從家庭主婦變成會計師》。

書名很長對吧。這本書就如同書名所描述的，裡頭有我在沒有太多時間讀書的情況下，為了考取超難考證照所設計出的一套「思考法」與「讀書法」。

「在沒時間的狀況下努力的人」所共同面臨到的障礙

這麼問或許有些突然，但各位是否也有以下這些煩惱呢？

「雖然想考證照而開始讀書，沒想到工作卻突然忙碌了起來，以致於讀書沒什麼進展」

「明明就很認真念書，卻沒什麼成效」

「為了考試而想用功讀書，但卻不知道該從何處著手」

這些都是「在沒有時間的情況下，為了考證照而努力的人」所有的共同障礙。有許多人都被這些障礙而阻斷了自己的夢想。但是反過來說，能否突破這些障礙，也就成了「能不能考取證照」的關鍵。

我還沒向各位自我介紹呢。我是稅務代理人原尚美。在作為一個養育孩子的家庭主婦同時，我也是一家會計事務所的負責人，公司裡的20名員工全都是女性，是一家有些奇特的會計事務所（只有我自己這麼說啦）。

作為一介主婦和稅務代理人的我，為什麼會想要寫這本書呢？那是因為我有自信，對於那些在百忙之中還認真地想要念書的讀者，我的經驗一定能夠幫得上忙。

我的人生，不想僅止於「原太太」這個角色！

我立下「考上稅務代理人」這個目標，是在過了25歲之後的事。一切只起因於一個強烈的念頭：「我這一生不想只當個家庭主婦！」

我20幾歲時就結了婚，在嫁入了一共有6名家庭成員的家庭後，從此就擔負著

「長媳」的角色，為家務忙得不可開交。

因為是個大家庭，光是每天要做的家事就已經夠多了，再加上每個人的用餐時間都不一樣，為了照顧到每個家人，我一天必須各做兩次三餐。由於家務實在過於繁忙，別說是屬於自己的時間了，就連坐下來喘口氣的時間都沒有。**雖然我也想當個好媳婦，但當時我卻也感受到一股強烈的壓迫感，覺得「自己的人生會就這樣地被埋沒在家務之中」**。

「我不要只當『原太太』，我也想盡量和社會有所連結！」我下定決心，在「希望自己在工作上也可以幫上會計師老公的忙」這樣冠冕堂皇的理由下，取得了家人的諒解，開始了我的應試之路，目標就是號稱少數超難考證照之一的稅務代理人。

「處在極端不利的狀況下」才想得出來的獨特讀書法

稅務代理人考試的合格率在10％以下，是超級難考的證照。對於連簿記都沒學過的我來說，一切都是從零開始。和那些要在考試中競爭的對手比起來，我可說是處於極端不利的狀況下。

也正因為如此，我才需要在有限的時間內，比任何競爭對手都吸取更多知識，並且在正式考試時將這些知識發揮到極限。而為了這個目的所設計出來的讀書法，就是本書所要介紹的「從零知識到考取超難考證照的方法」。

多虧我自己持續執行並相信這套讀書法，我在開始學習簿記後的一年內，就通過了稅務代理人必考科目「簿記論」的考試。後來合格科目順利地增加，我只花了四年就考過了要取得稅務代理人資格的五科必考科目，**而且所有考試我都只考一次就合格了**。

「如何在正式考試時發揮實力」是決勝關鍵

我準備稅務代理人考試的基本流程如下：

整理出「如何思考、如何讀書才能夠在應考時得分」的方法（第1章）

↓

創造一個絕不會中斷專注力的「學習環境」（第2章）

← 因為真的沒有時間才想得出來的「超效」讀書法（第3章）

← 考試當天以「能夠得分的思考法」解題（第4章）

另外，在用功念書的同時，我也意識到了必須要「收心」，才不致於被考試壓力所擊潰。關於這點會在第5章中進行介紹。

我最重視的是「如何在正式上場時發揮實力」。「無論再怎麼認真讀書，要是正式上場時考砸了，就沒辦法當稅務代理人了」、「沒辦法當稅務代理人，我就永遠只能當個家庭主婦了……」因為有以上這些想法，所以我才會把「有效率地學習正式考試時能夠運用的知識」這件事當作最優先的條件。

如果讀者們能夠因為參考了這本書裡的思考法和小祕訣，因而開創了自己嶄新的人生，我想將沒有什麼是能比這件事更令我開心的了。

二〇一二年二月

原　尚美

目錄

第2章 創造一個專注力絕不會被打斷的「學習環境」的方法

第3章 因為真的沒有時間才想得出來的「超效」讀書法

第4章 考試當天以「能夠得分的思考法」解題

第5章 不敗給考試壓力的「心靈」鍛鍊法

第 1 章

整理出「如何思考、如何讀書才能夠在應考時得分」的方法

1 若無法在「正式上場時」發揮實力，讀書就沒有意義了

「正式上場時的結果」將會決定你的人生

準備任何考試都有「決勝時刻」。大學入學考試和證照考試等便是最具代表性的例子。**在正式考試時沒能及格的人，無論是讀了1000個小時，還是連1分鐘都沒準備，都一樣是「不合格者」**。即便你再如何主張「我很認真地在準備！」「雖然考試時沒考到這部分，但我有自信，要是考這部分我絕不會輸給任何人！」結果還是不會改變。

這種情形並不僅限於考試。假設有個人心想「我想提升我的簡報技巧」，並讀了10本和做簡報有關的商業書籍，但在正式做簡報時卻搞砸了，那麼那個人依舊是

個「不會做簡報的人」罷了。

聽起來可能有點嚴苛，但這個世界就是如此。

無法獲得成效的人，都是因為輕視了「輸出」

讀書的本質，便是將資訊「輸入」腦海，用自己的方法「分類保存」，到了正式上場需要運用時再將資訊「輸出」的過程。

幾乎所有覺得「我明明就很認真念書，卻沒有成效」的人，都是輕視了「輸出」這個部分。說得極端些，他們把「輸入」和「輸出」完全當成了兩回事。所以才會出現以下的情形：「我明明就那麼認真背單字了，到了關鍵時刻卻怎麼也想不起來」、「我花最多時間準備的範圍卻沒有考出來」。

如果想要提升輸入時的質量，就必須先考慮到「正式上場時的輸出」。

第一步就是把「考古題」和「解答」背下來

假設你在某項考試的前一週拿到了「試題」和「解答」，你難道不認為這次考試可以輕鬆過關嗎？因為你已經事先知道「正式考試時會出現什麼樣的題目、應該寫下什麼樣的答案」，所以只要去背那些部分，就算不必理解此次考試範圍的全部內容也可以考滿分。

想要在「正式考試時發揮實力」，就只要掌握住「正式考試時會出現什麼樣的題目、應該寫下什麼樣的答案」就可以了。為了做到這點，我推薦在開始念書前「先去買本考古題，然後把題目和答案全背下來」。經常考量該如何「輸出」知識，就是通過考試的第一步。

重點

在「輸入」知識到大腦裡前，先考慮「正式上場時的輸出」

養成一邊考慮「輸出」一邊念書的習慣

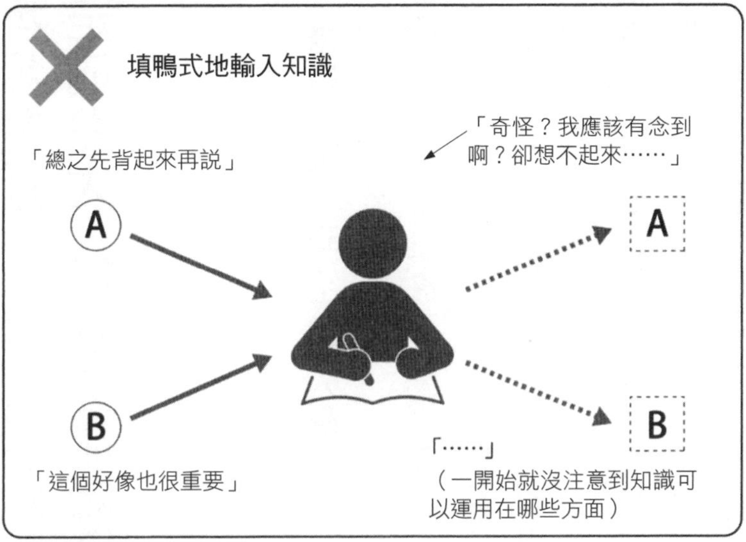

填鴨式地輸入知識
「奇怪？我應該有念到
啊？卻想不起來……」
「總之先背起來再說」
A
A
B
B
「……」
「這個好像也很重要」
（一開始就沒注意到知識可
以運用在哪些方面）

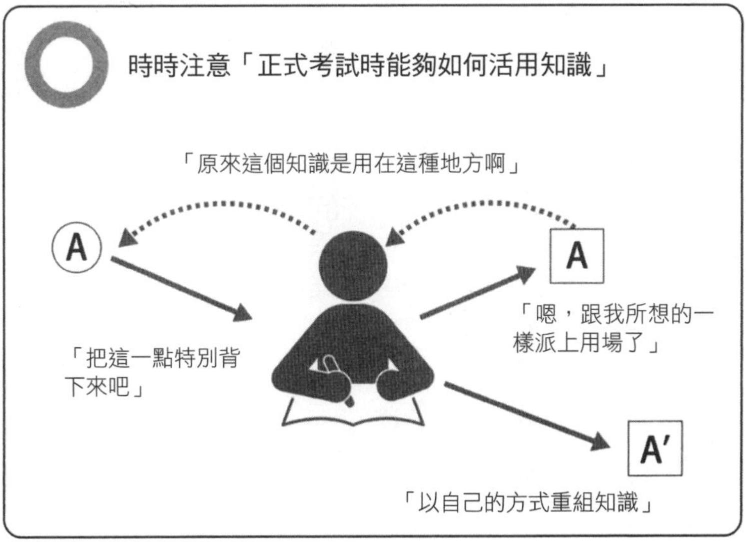

時時注意「正式考試時能夠如何活用知識」
「原來這個知識是用在這種地方啊」
A
A
「嗯，跟我所想的一
樣派上用場了」
「把這一點特別背
下來吧」
A′
「以自己的方式重組知識」

2

一步步接近「自己設定的目標」才是成熟大人的讀書態度

「證照考試」和「大學入學考試」之間決定性的差異

準備證照考試，和準備大學入學考試有著很大的差異。大學考試的目的在於，就算只有多一分，也要盡量考高分「勝過對手」。若用運動來比喻，就好比是網球。無論自己如何努力求進步，只要對方的實力勝過自己，球就一定會再被打回來。

特別是那些明星私立大學，因為命題委員也有著「這是為了刷下大多數人的考試」這樣的認知，所以更是會出一些你不吹毛求疵、鑽牛角尖地念書就答不出來的問題。而實際上，能不能正確回答這些問題，也正是你能否合格的關鍵。

但證照考試基本上「只要自己能考到及格分數就算合格了」，完全不需要在意對手的動向。

以下就以我們最熟悉的證照「小型汽車普通駕照」為例，我想這樣應該就很容易理解了。據說普通駕照筆試的合格基準，答題正確率必須達到九成，但幾乎所有的證照考試標準都沒那麼嚴苛，大概只要能答對六—七成的問題就能考過了。而且無論是何種考試都會公布合格基準，只要能掌握到這點就可以了。

準備證照考試，若以運動來舉例，那就像是打高爾夫球。無論你打得再爛，只要能照著自己的步調一桿一桿地打，就可以確實地接近洞口。也許有時候會揮桿落空，但是絕對不會往後退。而能夠享受一步步接近自己設下的目標，才是「成熟大人的讀書態度」。

目標不是設在「滿分」而是「及格分數」

只要將目標設在「及格分數」而不是「滿分」，讀書的方法也會有180度的轉變。

不僅單純「就心情上來說會變輕鬆」，講極端點，還可以採取「捨棄自己不拿手的部分，專攻自己擅長和有興趣的部分使之更臻完善、所向無敵」這種讀書方法。

而且這樣一來，你也不會再被「無論如何，如果不把自己覺得困難的地方全搞懂的話……」這樣的念頭苦苦相逼，便能夠以更為正向、積極的態度準備考試。

重點

按照自己的步調，以能讓自己「及格」為目標準備考試

一步步接近「自己設定的目標」

● 準備大學入學考試

就像打網球，只要對
手比自己強，一下子
就會輸掉比賽

● 準備證照考試

就像打高爾夫，能夠
用自己的步調，一步
步接近目標

3 不需要成為一個「聰明的人」。成為「考試時能考高分的人」就行了

「真正的實力」等考上之後再慢慢培養就行了

如同我在第18頁裡所提到的，我準備考試時使用的是「將考古題的題目和答案全背下來」這種讀書法。我想一定會有人針對這點反駁我說：「連半點實力都沒有就去解考古題是行不通的」、「如果馬上看解答，就沒有辦法累積真正的實力」等等。

讓我解釋得更清楚些吧。我認為對於一個準備證照考試的考生最重要的是，養成「在正式考試時拿高分的能力」。當然，累積「實力」或「真正的能力」或許也很重要沒錯，**但如果沒有通過考試、取得證照，你就得不到能夠讓自己發揮「實力」**

和「真正的能力」的機會了。

會想要考證照的人基本上都是很認真的。也因此，有很多人會覺得「為了將來能夠將這張證照運用在工作上，要盡可能地在準備考試時吸收相關的知識。」

但這是個很大的誤解。雖然我也是在實際踏進稅務代理人這一行後才知道，應付考試所需的知識，和實務上所需的知識，在質量上是完全不同的。

在準備考試時學到的知識不過是基本中的基本。在工作上實際運用到的知識，其專業度會更高，到時候必須更認真學習，以提升自己知識的層次。反過來說，實務上所需的知識，等你考到證照之後再來學習就夠了。

重點

把「準備考試」和「為了將來的學習」當成兩回事

4

在下定目標考取證照前，你必須事先知道的「證照」的本質

證照是幫助你在前途茫茫的世界中存活下來的「武器」

稅務代理人這份工作，經常需要替許多企業檢視其財務狀況，或是接受他們關於資金調度的諮詢。**在從事這份工作的過程中，我所深刻感受到的是，日本企業的現狀比新聞節目或報紙上所報導的都還要嚴重**。

日本的人口正逐年減少，國內市場也逐漸地在縮小。即使將範圍擴大到往全世界的市場發展，也因為新興國家的勢力抬頭，競爭只會越來越激烈。再加上「日圓匯率創歷史新高」的影響，更使得依靠輸出的產業雪上加霜。

過去曾經有過一段只要是「在大企業裡工作」，對一個上班族來說，就像是捧

著一個鐵飯碗般的時代。在那個終身雇用制和年功序列被認為是理所當然的年代，即使工作能力再怎麼差，只要「在大企業裡工作」，你就是眾人欣羨的對象，並且能夠一生捧著那個鐵飯碗安定過生活。

但是現在，就算企業的規模再大，也可能突然間被外資企業收購，或是進行大規模的裁員，這些都不再是什麼稀奇的事了。

我們可以說，「公司」這個原本強而有力的靠山，現在已經變得完全無法信任了。在這樣的狀況下，我們必須取得能夠幫助我們度過未來人生的武器，並且不斷精益求精。而這個武器就是「證照」。證照能夠成為在前途茫茫的世界中幫助我們存活下來的「武器」

考取「適合自己」且「能夠賺錢的證照」

但我並不是要叫各位把所有能稱之為「證照」的東西都考回來，不如說恰恰相反。我不是要各位成為一個考照狂，**而是希望各位能夠去考「適合自己」而且「能夠賺錢的證照」，即使必須花上不少時間也一定要確實地弄到手**。

因為這點非常重要，請容我更為詳細地解說如下。

①考量「適不適合自己」

我手邊有一位男士的案例。我們暫且稱他為A先生。

A先生擁有律師、專利律師（Patent attorney）及中小企業管理顧問（Registered Management Consultant）三種專業執照，而且他並不因為已經考取了執照就滿足，還每天都針對最新的案例進行研究。也許各位會覺得A先生實在是太厲害了，但可惜的是，他卻連一位客戶都沒有。因為他欠缺了與人溝通交流的能力以及經營能力，所以才接不到工作。

那麼，我們應該如何看待這個案例呢？

首先可以確定的是，現在他真正應該學習的並不是「身為律師、專利律師和中小企業管理顧問必須知道的最新案例」，而是「溝通交流的能力」和「經營能力」才對。

取得了律師、稅務代理人、行政書士（Administrative scrivener）及社會保險勞務士（Labor and Social Security Attorney）等類型的資格之後，如果是隸屬於某家公司或組織之下那另當別論，不然基本上都需要能夠自己獨力經營事務所的能力。不能只是追求作為一個專家必須具有的專業能力，同時也必須培養溝通能力、經營能力等，無論到哪家公司都必須具備的基本能力。

所以，若是你覺得自己「太過偏重專業能力」，就必須事先考慮到考取證照之後的事。

這樣一來，你就會知道，在自行獨立創業之外，也還有在公司等組織裡發揮自己專業能力的選項，或是從現在起就開始磨練自己的其他技能、拓展人脈等，只要事先採取對策準備，就不怕在自行創業後找不到顧客了。

②考取「能夠賺錢的證照」

這世上的專業證照何其多，但其中卻能清楚劃分出「能賺錢的證照」和「不能賺錢的證照」。

越是能夠不費吹灰之力取得的證照，其「無法拿來賺錢」的傾向就越明顯。要說這是理所當然，還真是再理所當然不過了。想要輕輕鬆鬆地取得這類證照，再利用它做為武器改變自己的人生，這種想法實在是太天真了。**如果想靠證照賺錢，就應該挑戰難度高的證照**。

再加上想要考取這類證照，通常需要花費數年的時間。在撥時間讀書、準備考試的同時，相對地必須犧牲掉的事情也不少，所以必須先做好這樣的心理準備才行。

從前，有位前來我的稅務代理人事務所諮詢繼承問題的客戶，才第一次見面就把權利證明書、存款和印章通通交給我，並對我說「因為一切都要委託專家您了，還請您全部幫我保管」，而且東西放了就想走。當然，我回絕了他的這項請託，但要說為什麼他會想將如此重要的文件和印章全都交給初次見面的我保管？單單就只因為我是一個「稅務代理人」罷了，光是如此，就能夠受到初次見面的人的信賴。

我在26頁也提到過和「稅務代理人這份工作」有關的事。沒錯，只因為我從事的「這份行業」，我就能受人信賴，並被交付重要的工作。但同時，「能賺錢的證照」也必須擔負相對的責任。所以就必須不斷磨鍊自己的人格特質才行。

重點 **適合自己又能夠賺錢的證照，可以成為你的「武器」**

有效活用證照這項「武器」

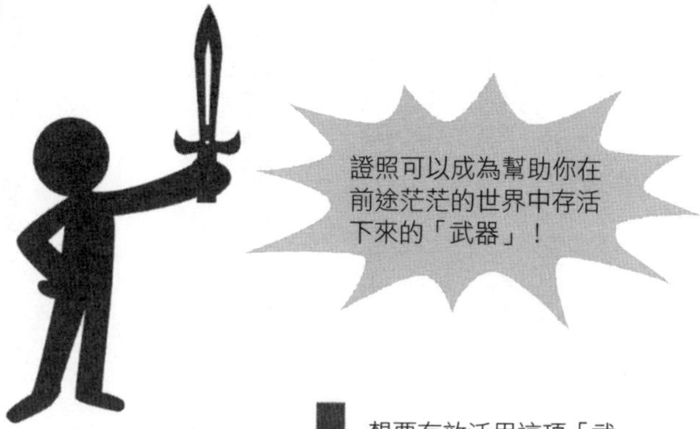

想要有效活用這項「武器」，你必須……

① 考量「適不適合自己」

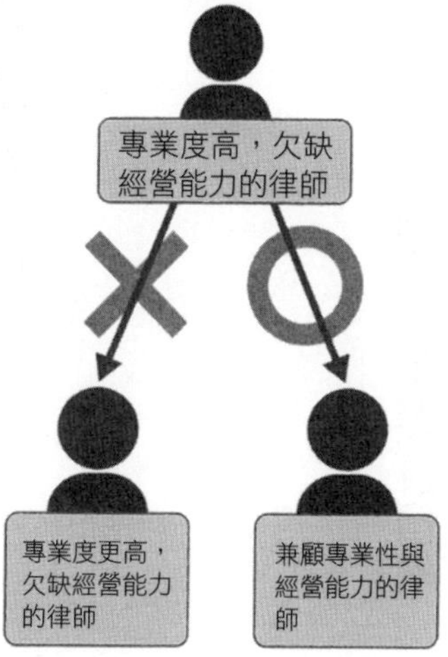

必須學習能夠「賺錢」的基本技能

＋

② 考取「能夠賺錢的證照」

★ 各種不同執照的平均年收入

· 律師
· 醫師

……**年收入 1000 萬日圓**……

· 註冊會計師
· 稅務代理人

……**年收入 800 萬日圓**……

· 社會保險勞務士
· 不動產鑑定士（Real estate appraisal）
· 獸醫

……**年收入 600 萬日圓**……

※出自日本厚生勞動省「2010 年薪資結構基本統計調查」

5 盡可能大致掌握住到考取證照為止的所需天數

反正無論如何都不可能達成目標，不如從一開始就不要訂目標

有些指導讀者讀書方法的書，是以「請訂下明確的目標」這樣的宗旨寫成的。比如說「用三個月把一科讀到滾瓜爛熟」、「絕對要遵守每天的讀書進度」等等，類似像這樣的東西。

不過我認為，訂定過於鉅細靡遺的目標反而會造成反效果。因為要是現實與目標的差距太大，就會令人感到洩氣，學習動機也會大為下降。

特別是越難考的證照，就越難照著目標執行。**為這類考試訂定目標，不僅浪費時間，甚至還會妨礙到讀書的心情**。所以，還不如以「即使訂下目標，也不一定凡

事都能照著目標來」的心態去面對考前的準備工作。

計算出「總讀書時數」和「一天的讀書時間」

但是，想到哪念到哪，毫無計畫地念書也是不會順利的。這時，是否能夠大概想像出取得證照的過程，也就是「直到考取證照為止，自己會經歷哪些過程」就很重要了。

首先，要大致計算出「直到取得證照為止，究竟會花費多少時間」。聽起來好像很麻煩，但其實只要大概計算一下就好。

考取證照所需的天數，可以用下面的公式計算出來。

考取證照所需的天數＝到考取證照為止的總讀書時數÷一天的讀書時數

「到考取證照為止的總讀書時數」指的是一般認為要取得證照必須花費的平均讀書時間。考取各主要專業證照所需的平均讀書時間如下：

註冊會計師：3600小時
稅務代理人：2500小時
不動產鑑定士：1500小時
司法書士：1000小時
中小企業管理顧問：1000小時
日商簿記檢定1級：800小時
社會保險勞務士：700小時

不過上列數字再怎麼說也只不過是「平均」時間，假如是立志要考上稅務代理人，那麼就要事先做好會花費比2500小時還要長時間的心理準備。如果能將上述時間乘以1．5倍，花費3750個小時專心讀書，那麼我想各位應當就能帶著「我有九成左右的機率會考上！」這樣的自信去參加考試。

「一天的讀書時間」，盡可能估得越鬆越好

「一天中可以用來讀書的時間」，要盡可能估得越寬鬆越好。

剛開始下定決心讀書的時候因為鬥志高昂，往往會使人發下豪語：「好！每天用4小時的時間來讀書吧」，但現實總是無法盡如人意。你可能會不小心搞壞身體；如果是在工作，則有可能臨時要加班、假日要上班，或者是和同事喝酒聚會等等。使得訂下的讀書計畫，往往只能夠執行80％左右，這才是現實的狀況。

也因此，在訂定一天的讀書時間時，不要訂那種讓自己必須努力才好不容易能夠達成的時數，而是要絕對確定能夠用來讀書的時間。即使只有30分鐘或1個小時也無所謂。如果實際用來讀書的時間不如預期，那只會讓人感到「啊，我果然還是不行啊」而心灰意懶，但要是讀書時間比原先設定的還多，就能夠獲得「我做得比原訂計畫還要好」的充實感。**這種小小的「充實感」，將能夠幫助各位提升吸收知識的能力**。

舉個例子，假設「考取稅務代理人執照的平均讀書時間」為3750小時，而

「一天的讀書時間」為3小時：

3750小時÷3小時＝1250天

也就是說，我們可以計算出，如果一週念書五天，最遲五年後應該就能夠取得證照了。

只要能夠在最初的階段大略掌握住考取證照的進程，就不會感到無謂的焦慮。

重點

先大致計算出考取證照所需的天數

事先預想考取證照所需的天數

考取證照所需的天數

＝ 直到考取證照為止的總讀書時數 ÷ 一天的讀書時數

↓ 將考取證照所需的平均讀書時間作為參考值，乘上 1.5 倍

↓ 盡量對自己好一點，盡可能少估一些

- 註冊會計師：3600 小時
- 稅務代理人：2500 小時
- 不動產鑑定士：1500 小時
- 司法書士：1000 小時
- 中小企業管理顧問：1000 小時

×1.5

☆ 假設目標為考上稅務代理人

2500 × 1.5 ÷ 3 ＝ 1250日

考取證照的總讀書時數 / 一天的讀書時數 / 考取證照所需的天數

如果「一週念書五天」，並將一年以 52 週來計算，就是「一年讀書 260 天」，

1250 ÷ 260 ＝ 4.8(年)

1250÷260 ＝ 4.8（年）

6 正因為是長期抗戰，所以更要一心一意地描繪出自己的「夢想」

覺得快撐不下去時，就想像一下「理想中的自己」吧

如同各位讀者在第34頁「取得證照者的平均讀書時間」中所讀到的，為了考取高難度證照做準備的過程，是得花上好幾年時間的長期抗戰。在那之間，最重要的是要持續不斷地描繪自己的「夢想」。**「我好想過這樣的人生啊」，這種實際的願望，就是支持各位努力不懈、認真讀書的最大動力。**

我當初是夢想著自己能夠成為稅務代理人，每天精力充沛地工作，為社會做出貢獻，同時也盡全力兼顧家務。每當讀書讀到快撐不下去時，我就會這樣想像著「理

想中的自己」，重新確認「自己到底是為了什麼而讀書」，藉以提升讀書動機、重新振作精神。

所謂的「夢想」其實不必很遠大，即使只是個很簡單的想法也沒關係。**無論再渺小都無所謂，並沒有人會因此而嘲笑你的。**

「我想成為一名律師，從此過著不再為錢所苦的生活」
「我要當上註冊會計師，在聯誼時成為眾人矚目的焦點」
「我想提升英文能力，將來想要住在國外」

上述的每個夢想都很美好，不是嗎？

「為了辭掉討厭的工作，我要考上稅務代理人，目標年薪千萬」
「雖然我現在只是個打工族，但我要藉由考取超難證照一次逆轉我的人生」
「我TOEIC要考到800分，讓同事刮目相看」

這些夢想也都很棒。

任何人都是抱持著「想要讓人生比現狀更上層樓」這樣的欲望來敦促自己用功讀書的。雖然「Before」和「After」的差距因人而異，**但因為本來就是「為了自己而讀」，所以也不必考慮要立下「比別人更大的目標」**。誠實地面對自己的需求，盡情描繪自己的夢想，將其化為自己讀書的原動力吧！

重點

想像理想中的自己，以維持讀書的動力

7 利用數字掌握「直到考取證照為止必須花費的金錢」

換算成數字，就能讓自己意識到「不能白白浪費」

如同前面所提到的，取得證照必須花費許多時間。如果將這些「時間」換算成「金錢」，就能夠更明確地知道「為了考取證照必須花費多少錢」。這樣一來，就會讓人萌生「絕不能白白浪費掉這些錢」的意識，而能夠激勵人更加認真地面對考試。

「花費的金額」可以用下列的公式來表示：

考取證照所需的金錢

＝工作的時薪×考取證照所需的平均讀書時間＋實際開銷

首先，這個算式裡的「單價」是你現在工作的時薪。藉由將薪水換算成時薪，可以確認現在你一個小時賺多少錢。

接著再把「單價」乘以「考取證照所需的平均讀書時間」，就能得出「將時間換算成金錢」的結果了。

雖然不是要你直接從錢包裡掏錢出來，但是我們必須認識到，時間也是一種「金錢」。

最後一個步驟是將上述「時間成本」與「實際開銷」加起來。實際開銷指的是在準備考證照的過程中實際產生的花費。例如教材費用或補習班的學費等等便是屬於這一項。

意外地竟是一大筆錢！

假設有個要考稅務代理人執照的人，他目前的時薪是1500日圓。那麼他所花費的成本就如下：

1500日圓×3750小時＋100萬日圓
＝562萬5000日圓＋100萬日圓
＝662萬5000日圓

如果去上補習班，實際開銷的部分最少要追加數十萬日圓。而實際上，有人的「單價」比這個例子還要高，必須花費的時間比平均時間還要多的例子也不少。只要試著計算一下就能知道，這是一筆意料之外的龐大金額。

比較「考取證照後的平均年收入」和「自己現在的年收入」

準備證照考試，是一種自我投資。**既然它是一種投資，就必須像投資金融商品那樣，幫助我們獲得比投入的成本更大的利潤。**也就是說，重點在於絕對要通過考試，並且獲得比計算出的成本更大的利益。

也因此，在計算成本的同時，比較一下考取證照後的平均年收入（利潤）和自己現在的年收入也很重要。雖然一個人會想要考證照，可能有提高年薪之外的理由，但基本上，若是不能藉由考證照來增加自己的年收入，那麼這項「投資」就算是失敗的。

懂得設定「停損點」

在全力投入證照考試準備之際，事先決定好撤退的條件也是很重要的。

容我再重覆強調一次，準備證照考試也是一種自我投資。**要是一直無法考上卻還執拗地不肯放棄，就跟放任赤字的情況不管沒兩樣。**所以，要經常在心中提醒自己考取證照前必須支出的「成本」和考上之後的「利潤」，並且擁有「要是花了五年時間都沒辦法考上，我就放棄」這種「停損」的精神，這些在準備考試時也是相當重要的。

重點

經常計算考取證照前必須支出的「成本」和考上之後的「利潤」

8

經常為自己準備好「退路」

沒辦法達成「最佳狀態」至少也要讓自己變得「更好」

決定好撤退的條件，就像是擁有了屬於自己的「放棄底線」。

但是，若對自己立下了「五年內一定要考上」這樣堅定的誓言，最終卻無法達成計畫而必須放棄，在那之後就只會為自己帶來無盡的挫折感與絕望。**如果能在決定「撤退條件」的同時，也能規劃好「萬一落榜時，這些知識的運用之道」，事後就輕鬆多了。**這等於是事先為自己準備好不得已必須撤退時的「退路」。

比如說，要從司法考試撤退時，可以將司法書士作為新的目標。若是司法書士這個目標也不可行的時候，就改考行政書士。總而言之，就是轉考比較有可能上榜的證照去*。

也許最終你依舊可能無法得到最佳的結果，但還是有可能得到比現狀要好的結果。這樣的選擇遠比最後什麼都沒得到要好得多了。

絕不能斷了自己的「退路」

挑戰證照考試，一邊工作一邊準備才是理想的做法。

或許有些人會認為「為了認真準備證照考試，必須辭掉工作」，但我並不建議這種做法。比起「藉由斷了自己的後路，以使自己更有幹勁地念書」，我認為「因為斷了自己的後路，導致壓力過大而無法集中精神讀書」這樣的缺點反而更顯著。

*譯註：日本的司法考試是取得法官、檢察官、律師等「法律從業人員」資格的國家考試，與台灣的司法特考性質有些不同。司法書士及行政書士則各自另設國家考試。在日本，律師可接受民刑事法律諮詢或成為民刑事訴訟的代理人；司法書士則只接受委託處理不動產相關的文件或可成為一定金額以下民事訴訟的代理人；行政書士則只接受委託處理給一般政府機關的文件，故取得證照的難易度依序為律師↓司法書士↓行政書士。

準備證照考試時，應該盡可能對自己好一點。就算最後沒考上，也要先替自己確保一個可以逃回來的場所才是最重要的。

即使不勉強斷自己退路，只要你擁有「我想要過這樣的人生」的明確夢想，並且擁有堅強的意志，那麼你一定可以確實地一步步接近目標的。

重點

常為自己準備好「退路」

9

在讀書的同時，順便養成「閱讀的習慣」

「國語文能力」的差異會直接反應在證照考試上

一旦開始準備考試，就容易會覺得用在讀書以外的時間都是種「浪費」。越是對合格抱有強烈慾望的人，這樣的傾向就越明顯。

但如果你是認真地想要通過考試，那麼我希望你在養成「讀書習慣」的同時，也能順便養成另一個習慣——**「閱讀」**。

如果突然要你拿起一本書來讀太困難，一開始可以先從報章雜誌著手。總之，讓自己習慣接觸文字是很重要的。

除了外語考試之外，「國語文能力」可說是一切學習的基礎。**有很多人因為認為讀寫人人都會，因而有輕視這部分的傾向，但事實上，國語文程度的差異會直接**

影響到你究竟能不能考過證照考試。

「閱讀題目」時的速度和對內容的理解程度，都取決於你的國文程度。考作文時，你的寫作能力及邏輯能力更會大大影響你的分數。其實，如果你的國語文程度不夠，要閱讀並背誦教材和參考書中的內容就會顯得相當吃力。

要養成閱讀習慣，完全不需要去接觸艱深難懂的書籍，就算只是閱讀能夠轉換心情、題材輕鬆的小說也很好，總之我建議大家一定要多多閱讀。

給沒有時間的人的「速讀」訣竅

為了那些「怎樣都擠不出時間來閱讀」的人，就由我這個同樣也沒有多少時間的人來傳授我曾經使用過的「速讀」訣竅吧！老實說，如果你讀的是小說，那這個方法幾乎沒有多大用處，但如果你讀的是報紙或商業書籍，這個方法就相當實用了。

訣竅就是，只要將文章中「提出問題」、「結論（定義）」、「理由（根據）」、「事例」等部分挑出來讀就可以了。習慣這種方法後，一本200頁左右的商業書籍，只要半小時就可以讀完。

提升自己的「國語文能力」

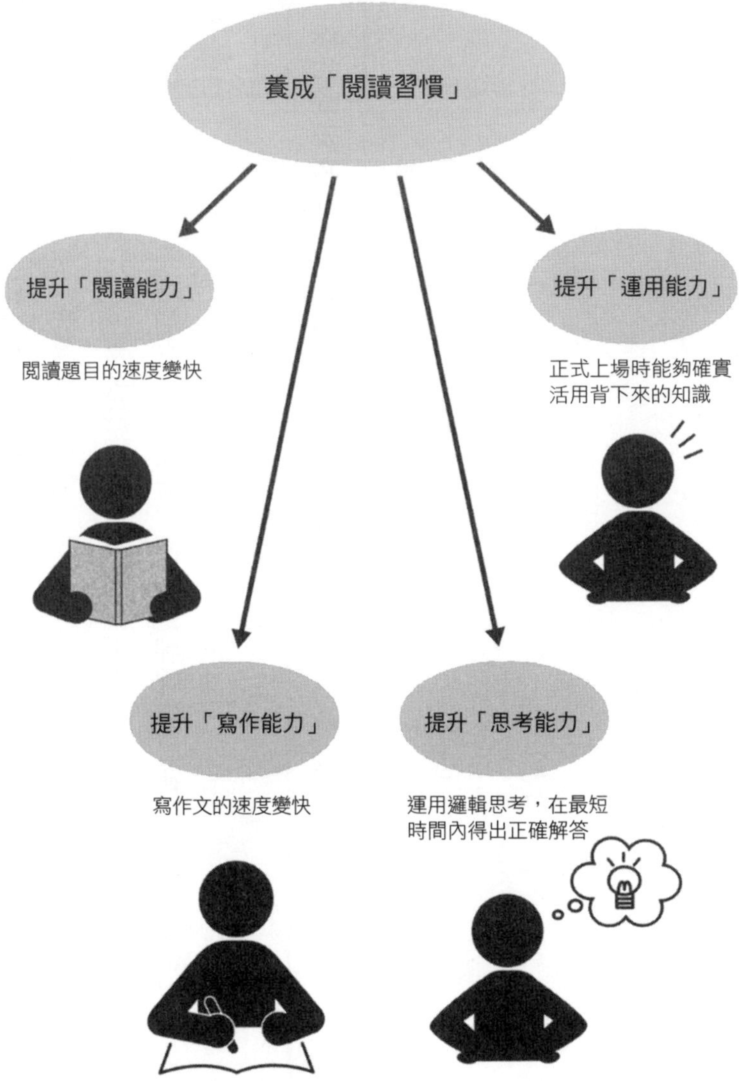
養成「閱讀習慣」
提升「閱讀能力」
閱讀題目的速度變快
提升「運用能力」
正式上場時能夠確實
活用背下來的知識
提升「寫作能力」
寫作文的速度變快
提升「思考能力」
運用邏輯思考，在最短
時間內得出正確解答

讀完一本書後，隔天就把那本書推薦給親朋好友吧！此時，不要忘了「只用一句話來介紹」書中最吸引人的部分或特徵。

「能夠考高分的人」，就是善於運用自己記憶下來的知識的人。藉由將讀過的書推薦給別人，不但能夠增加自己的知識，還能夠訓練自己運用知識的能力，真是一舉兩得。

重點

你的國語文程度，和你是否能通過考試有直接的關係

第 2 章

創造一個專注力絕不會被打斷的「學習環境」的方法

1 要考證照，去上補習班是最快的捷徑

「四大優點」為其魅力所在

想要通過考試取得證照，有各種不同的讀書方法可供選擇，例如「去上補習班」、「參加函授課程」，或是「自修」等等。

我絕對不是補習班的人，**但如果想要盡可能地在短時間內考取證照，那麼我強烈建議各位去上專門輔導學員考取證照的補習班。**雖然必須花費一定的費用，但我覺得還是有去的必要。

去上補習班，主要有以下四大優點：

①有專人替你安排最有效率的讀書日程表

②容易取得與考試直接相關的資訊
③藉由「現場」教學指導，能夠更容易吸收知識
④能夠半強制性地確保讀書時間

下面就讓我們一個個來看各個優點的詳細內容吧！

①有專人替你安排最有效率的讀書日程表

補習班就好比是「證照考試專家」。**有專家要來替你安排幫助你考上證照的最佳讀書計畫和年度日程表，你沒有理由不接受。**不僅比起外行人的自己東想西想想出來的讀書計畫要來得有效率多，從此也不必再為「時間管理」這種多餘的事煩心，自然就更容易集中精神在讀書衝刺上。

②容易取得與考試直接相關的資訊

如果去上補習班，就能快速地取得和考試直接相關的資訊。例如最新修訂的法條或是出現機率高的題目等等，就是屬於這一種。

另外，去學校就會出現同伴，而在那之中，我想應該不乏一些在上次考試中失利的「重考生」。多聽聽他們的「失敗經驗」吧！**也許你會感到很意外，但是「我用了如此這般的方法結果失敗了」這種失敗經驗，可是相當受用的。**這些經驗都可以用來提醒自己不要朝錯誤的方向前進。

③藉由「現場」教學指導，能夠更容易吸收知識

透過現場課程，由老師面對面教學，不但能使知識快速進入腦海，也更容易記憶。

雖然函授課程也能夠利用ＤＶＤ或網路讓你彷彿置身在教室當中聽老師講課，但「現場」聽課和透過「影像」上課，其感動的程度還是大不相同。感動越大，就越容易記住上課的內容。

另外，因為函授課程的影片可以一看再看，很容易讓人產生「就算我沒聽清楚或是不小心打了瞌睡，只要再把影片倒回去看就行了」的想法，反而會讓人變得散漫不認真。

④能夠半強制性地確保讀書時間

只要去上學，無論再怎麼意志不堅的人，也能夠半強迫性地確保自己的讀書時間。如果選擇的是非假日的晚上課程，就能夠激勵人快點把工作做完，好準時去上課；若是選擇週末的課程，則能夠讓人在假日時不會無所事事，而集中精神用功讀書。

以一個「經營者」的感覺去做事先投資

我想讀者之中，可能有人會認為「去上課實在太浪費錢了，我要靠自修自行努力」。我是不會要求大家就算去借錢也要上補習班的，但各位必須先做好這樣的心理準備：自學是一件很沒效率的事情。

我在書中已經多次提到「準備證照考試是一種自我投資」。而且越是難考的證照，考上之後就越有可能可以開設事務所獨立創業。**也就是說，你必須要有一點身為經營者的敏銳度才行。**

比方說，預測一下考到證照後年收入會提高多少；也就是意識到「投資」與「報酬」的關係。

事先投資，好在事後獲取更大的利益。如果想把事業做大，擁有「投資」的眼光是絕對必要的。「去上課實在太浪費錢了，我要靠自修自行努力」這樣的想法，就算能讓你順利地考取證照，但在那之後是否能夠幫助你經營一家事務所，反而更令人擔心。

重點

不要吝於事先投資，好好利用補習班吧

靠事先投資獲取更大利益

上補習班的「四大優點」

① 有專人替你安排最有效率的讀書日程表

② 容易取得與考試直接相關的資訊

③ 藉由「現場」教學指導，能夠更容易吸收知識

④ 能夠半強制性地確保讀書時間

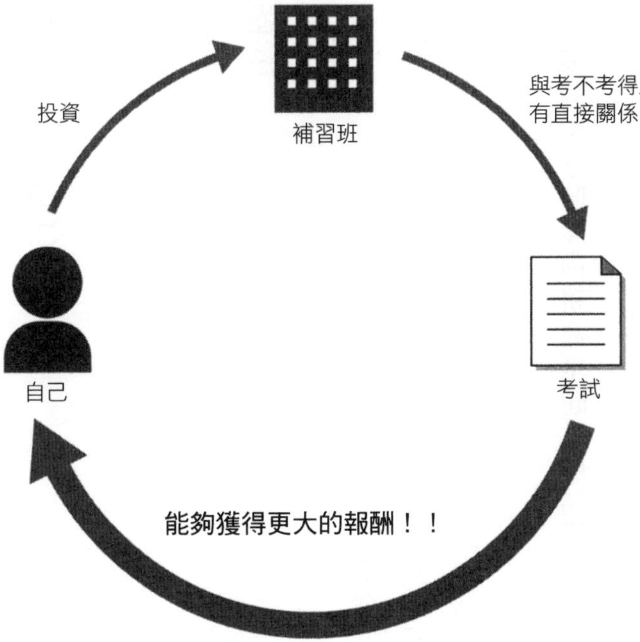

2 在30分鐘的讀書時間內，確實消化掉「20分鐘的讀書量」

讓自己的讀書時間帶有一點彈性

將「30分鐘」當成讀書時間的基本單位吧。雖然沒有什麼特別的依據，但就我的經驗來看，以15分鐘為單位太短，以45分鐘為單位計算起來又相當麻煩。既然如此，就用一個小時？以一個小時為單位卻又太長了。所以我推薦以「30分鐘」為一個單位。

運用時間的訣竅是「不要在這30分鐘的讀書時間內拚命地想往腦袋裡塞滿知識」。在估算讀書時間和分量時也對自己好一些、估得寬鬆些，讓讀書時間保有一點彈性吧！大約保持「在30分鐘內，要確實讀完20分鐘的讀書量」的感覺，就能夠輕鬆不費力地將讀書習慣持續下去。

準備一些「零碎時間專用讀書法」

如果有30分鐘，就能夠仔細思考一些稍有難度的問題。另外，如果不小心晚了10分鐘才開始念書，只要還有剩下的20分鐘，還是可以把該讀的部分讀完。在擬定一整天的讀書計畫時，就以30分鐘為單位來不斷累積、積少成多吧。

只是，如果白白浪費掉在車站月台等車時的「零碎時間」也未免太可惜，所以可以事先預備一些只要有5分鐘就能做到的「零碎時間專用讀書法」，例如「背一個單字」、「再確認一次已經理解了的內容」等等。

重點

讀書時一次讀一點，但要確實念完

3 白天有白天的讀書法，晚上有晚上的讀書法

活用「早晨時光」，為自己爭取讀書時間

以下，我們要談談「該如何才能保有以30分鐘為單位的讀書時間」。**對於那些白天必須工作或帶小孩，無法充分保有自己時間的人來說，這是最實際的問題了。**

要說最容易為自己製造出空閒時間的首推「早晨」。各位或許會覺得怎麼又是老生常談，但早晨實是有其獨特魅力的。

首先，只是單純地感受到「新的一天開始了！」人類自然就會被一股神清氣爽的感覺所包圍。俗話說的「早晨的力量」指的就是這個，能夠成為你精神上強而有力的支持。由於剛補充完睡眠，正值大腦恢復氣力的時間，此時大腦的處理能力相當快速，這就是「早晨讀書」能夠獲得非凡效果的原因。

另外，早上的「截止期限效果」也是其魅力之一。大多數人在早上讀完書之後都還必須準備去上班、上學或做家事，能夠用來讀書的時間必定是有限的。也就是說，會出現「八點前我要把這邊給讀完」這樣的「截止期限效果」，這樣的效果能幫助你更專心念書。

而「清靜」則是早上讀書另一個顯而易見的魅力。附近的公園裡不會聚集一群年輕人，也不會有暴走族飆車時的擾人噪音。和家人住在一起的人，只要能利用家人都尚未起床前的時間，就不會被打擾，可以集中精神讀書。

早晨時光擁有這麼多「幫助你專心念書的要素」，用來解決困難的問題或計算題等需要大量思考的問題是最有效果的。

在「夜晚」背書和複習

「把早上讀書的效果講得那麼棒，看來晚上是不適合用來讀書囉」，真要這麼說也不全然如此。

晚上讀書的要點是，要在將牙齒刷好，「接下來只差上床睡覺」的狀態下進行。

這樣一來，就可以讓剩下的流程變成「一念完書，馬上就睡覺」。**各位或許會想，「妳在講什麼理所當然的事啊」，但這個接下來的「睡眠」是極為重要的。**

睡眠擁有整理大腦內部資訊的效果。所謂的「整理」就是，「忘記不必要的資訊，將有用的資訊連結起來」這樣的過程。

這麼棒的效果，怎麼可以不善加利用呢？所以晚上讀書時，就將重點放在「背誦」和「複習」，念個30分鐘到1小時左右之後睡個好覺，這樣隔天早上就又能在腦內資訊都整理好的狀態下讀書。

只是我要補充一點，那就是「我並不推薦事先把晚上讀書這件事排進讀書計畫裡」。

只要你尚有工作在身，就有可能臨時要加班或突然要出席聚會。我認為認真面對眼前的工作，以及與同事朋友們的交流，也是很重要的。如果讓這些事情拖延了自己的讀書計畫，使自己身陷若有似無的罪惡感中，那就太可惜了。所以，一開始就不要對「晚上讀書」這件事抱太大期望，才是正確的做法。

重點

「白天」用來解決困難的問題或計算題，「晚上」則拿來背誦或複習

4 在家裡打造一個「讀書專用」的空間

想要「整理知識」，先「整理好空間」是必要條件

整理出讀書的「時間」之後，接著讓我們來規劃讀書的「空間」。

如果周遭環境收拾得整整齊齊，那麼腦中的資訊自然也井然有序；相反地，如果環境雜亂無章，那麼大腦裡自然也就亂成一團。請試著觀察一下你的辦公室吧。工作能力強、效率高的人，他的辦公桌總是整理得乾乾淨淨；而工作能力差、效率又低的人的辦公桌則總是很髒亂對吧？就是這個道理。

所以，為了「讓知識有條有理地進入腦海」，就必須「整理出一個讀書專用的空間」。

將「和讀書無關的事物」，隔絕於視線之外

「只要一開電腦，就沉迷在網路世界裡了」
「一不小心就看電視看個不停」
「一開始看雜誌就停不下來了」

我想任何人都曾經有過這樣的經驗。不瞞各位說，我自己也是「寬以待己」的代表，剛開始準備考試時，甚至曾經因為玩部落格玩得太起勁，回過神來才發現已經是深夜了。

之所以會分心，通常都是因為在下定決心「用功讀書吧！」之後，又看到「比讀書更有趣的事物」的緣故。既是這樣，那麼解決方法就非常簡單，只要在讀書的時候，讓和讀書無關的事物無法進入自己的視線範圍就可以了。

下面讓我們利用更具體的方法將問題各個擊破吧！

①書桌上不放任何多餘的東西

這是基本中的基本。

書桌上請只放證照考試用的教材、題庫、文具和飲料等念書時所需最低限度的東西。

另外請把電腦移到其他地方去。如果有讀者的狀況是「我的是桌上型電腦，無法輕易移動」，那麼我想你最好考慮新買一張「讀書專用的書桌」。雖然得花點錢，但你絕對能夠得到物超所值的效果。

手機請關機，並且放到一個無法輕易取得的地方。祕訣是放到一個麻煩到會讓你覺得「要去拿也太麻煩了吧」的地方去。

②將「讀書空間」和「休閒空間」分開

某些和家人同住的人可能會把客廳或廚房等平時用來和家人相處的空間當成讀書的地方。但是和家人共用的空間可能會有著電視、雜誌，或是能輕鬆地聽音樂的地方，這些地方通常都充滿著各式各樣的誘惑。家人頻繁地進出也很可能會讓你分心。可能的話，請盡量找出一個可以自己一個人集中精神讀書的空間。

打造「讀書專用」的空間

如果你是自己一個人住，而「休閒空間」和「讀書空間」是同一個地方時，只要改變「休閒時」和「讀書時」身體面對的方向，也能有不錯的效果。就算只是「背對電視，朝向看不見雜誌和書本的地方」，集中力也會有顯著的差異。

重點

打造一個「讀書專用」的空間，保持頭腦清晰，再將知識輸入腦海

5 在家裡無法專心念書時，與其去圖書館，還是去家庭餐廳吧

有適度的雜音，誘惑又少

如果怎樣都無法在家裡集中精神，那就帶著書本、工具出門去吧。**我個人推薦的讀書場所是家庭餐廳。**略顯嘈雜的適量雜音，成為剛剛好的背景音，反而能夠順利讀書。

另外，沒什麼誘惑也是家庭餐廳的優點。若是一個人去，基本上除了「吃」、「喝」之外就沒有其他事情可做了，即使再怎麼不願意也能專心讀書。

當然，說到誘惑少，圖書館自然也不遑多讓。但圖書館實在是太安靜了，反而讓我沒有辦法集中精神。在我的讀書方法中，不是需要喃喃自語背誦條文，就是要

噠噠噠地按計算機……因為像這類的情況很多，所以在圖書館時總讓我有所顧忌（關於「發出聲音背誦」的讀書法，在134頁會有詳細的介紹）。

有去補習班上課的人，可利用補習班的自習室來讀書，效果也相當好。因為是有考上證照這類共同目標的志同道合的人聚集在一起，所以能夠使自己受到正向的刺激，激發出自己「我也不能輕易認輸，加油吧」的心情。

重點

推薦到誘惑少，但能發出一些聲音的家庭餐廳讀書

6 即使如此，專注力仍會被打斷時的處理辦法

恢復集中力的方法？結論是「沒有」

因為基本上人類是種安於逸樂的生物，所以「念書好辛苦、好想逃走」才是人類最自然的情感。也因此，即便前面已經介紹過很多幫助你在讀書時專注力絕不被打斷的「小撇步」，但有時候集中力還是會突然中斷，這才比較符合人性。

我認為注意力只要一被打斷，想要立刻使它恢復的辦法可以說完全「沒有」。

就算將電視、電腦和手機都排除在自己的視線範圍外並開始讀書，實際上卻還存在著一個「心情的問題」。「突然沒有解題的心情了」、「肚子好餓喔」、「好想睡」，一旦出現這些想法，就算勉強自己繼續念下去，我認為效率也不會提高。**與其讓自己帶著這些想法繼續念書，不如當下馬上去吃東西或睡覺還比較好。**

有意識地提升幹勁的「三個方法」

我只要無法繼續集中精神時，就會暫時擱下讀書這件事，花個十幾分鐘去做自己當下想做的事，之後再回來有意識地讓自己打起精神，重新開始讀書。下面要介紹的，就是我所使用的「有意識地提升幹勁的方法」。

①開始想像

不知為何就是提不起精神來讀書的時候，使用第1章曾經提到過的方法，開始想像「將來我想過著這樣的人生」是很有效的。只要回到原點，詢問自己「我究竟是為了什麼才開始讀書的呢」，就能再次獲得重新振作的力量。

就這層意義上來說，在開始準備考證照之前，先在心中描繪出明確的「想像」是很重要的。

②增加一起讀書的夥伴

擁有一塊兒讀書的夥伴，也能幫助自己提振精神。就我的情況來說，因為我去上了補習班，所以自然地就交到了目標是考取相同證照的朋友。藉由和他們的交流，也提高了我的讀書動機，使我產生了「我也不能輸給大家」的想法。

除了補習班之外，也可以利用 Facebook、mixi*等 SNS（Social Networking Service，社群網站）或是部落格、推特（twitter）等增加自己的讀書夥伴。在這些平台上，很盛行交換考證照的資訊及心得等交流。

③找出自己的「幹勁開關」

事先找出幾項在提不起勁讀書時，能夠提高自己讀書動機的小法寶，也是蠻有效的作法。

以我來說，飲用營養補充品，就是幫助我打開幹勁開關的小法寶。只要喝下了含有能讓大腦加速運轉的「DHA（二十二碳六烯酸）」的營養補充品，就能讓我自然湧現能量，想著：「好！今天也要繼續努力！」先不論營養品的實際效果如何，

*譯註：日本規模最大的社群網站。

相信自己絕對能夠做到才是最重要的。

另外像是觀看自己喜愛的運動選手的影像也很有效。例如高橋尚子選手*1、淺田真央選手*2等等，只要看了自己喜愛的選手努力不懈的模樣，也能為自己注入活力的。

我兒子在讀書前一定會聽絢香的〈三日月〉*3這首歌，據他說，「只要聽了這首歌，就會湧現滿滿的幹勁」。

每個人的「幹勁開關」都位在不同的地方。如果能夠找出這些自己愛用、受用的小法寶，就可以防止讀書動機低落的情形發生。

重點

先暫時讓自己休息放空一下，再有意識地提升幹勁、繼續努力

*譯註1：日本著名女子馬拉松選手，曾於2000年雪梨奧運中獲得女子馬拉松金牌。

*譯註2：日本女子單人花式溜冰選手，曾獲2008年、2010年世界花式溜冰錦標賽金牌，以及2010年溫哥華冬季奧運會女子單人花式溜冰銀牌。

*譯註3：2006年出道的日本女性創作歌手，〈三日月〉是其最著名的歌曲，歌名在日文中意指「新月」之意。

專注力被打斷時的處理辦法

基本上，

注意力只要一被打斷，

能夠立刻使它恢復的辦法

可以說完全**「沒有」**。但是……

有意識地提升幹勁的方法卻是**「有的」**！

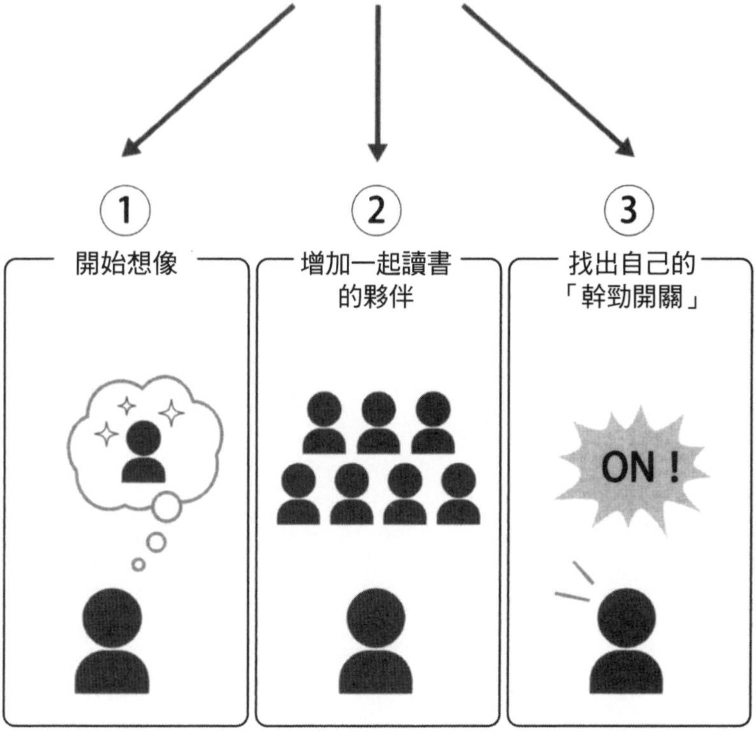

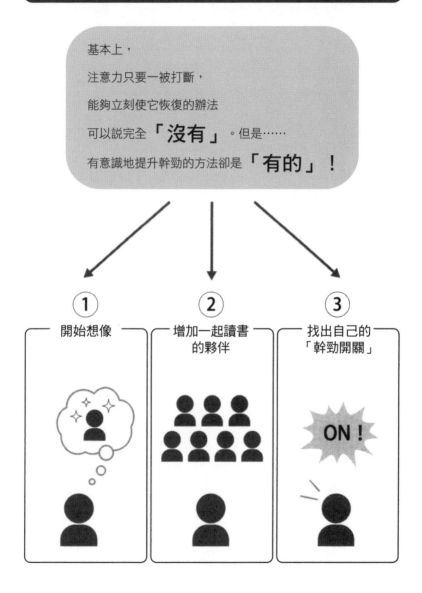

第3章

因為真的沒有時間才想得出來的「超效」讀書法

1 從自己拿手的部分下手

不斷累積小小的成果

談到有效率的讀書方法，其中最基本的就是「從自己拿手的地方下手」。

要是突然就從自己不擅長的地方開始念，題目也完全不會寫，要對接下來準備考試的過程充滿信心是不可能的，反而很有可能會讓人想要直接放棄。

但是，如果是從自己拿手的部分或稍微有點興趣的部分開始學，不僅會寫的題目較多，也能使人增加信心，相信自己「只要想做就做得到」。

因為我擅長寫計算題，所以剛開始念書時，我就集中火力專攻計算題。由於能很清楚地看見成果，讀書漸漸變得有趣，自己也逐漸能夠掌握讀書的節奏了。**如果能在初期就掌握自己讀書的節奏，那麼要持續下去就不再是那麼辛苦的事。**

從自己拿手的部分下手

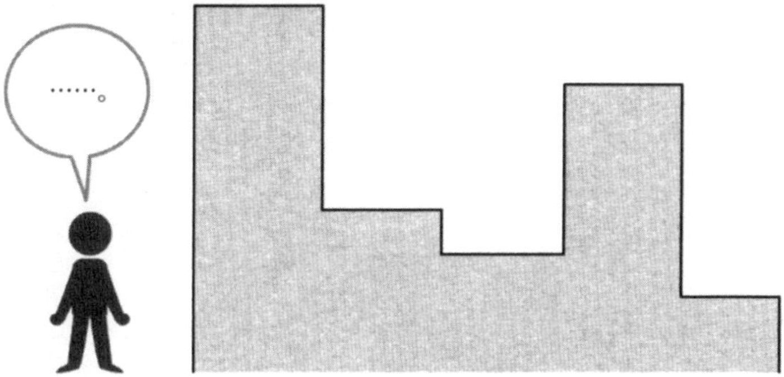

若是「第一步」的難度太高，就算接下來的關卡難度較低，也很難使人繼續前進

降低「第一步」的難度，從容易解決的題目開始著手，準備考試就能順利進行

讓自己樂在讀書中的訣竅，就是累積這種小小的成就感。盡量對自己好一點，多寫一些「自己喜歡的題目」，這樣一來，讀書的習慣自然就能夠持續下去了。

重點

剛開始時淨寫些「簡單好寫的題目」也沒關係

2 儘早放棄自己不拿手的部分

乾脆地放棄的方法

如同我在第21頁曾經講過的，如果你想取得的證照只要求六成的答題正確率，那你也只要採取能讓自己通過這個六成合格標準的讀書方法就夠了。

而準備這些將合格標準訂在「六～七成」的證照考試，就算放棄一部分自己不拿手的地方也完全沒問題。

舉例來說，稅務代理人的考試科目大致上可以分為「計算題」和「申論題」兩種。我雖然很擅長解計算題，但是須背誦的申論題卻讓我傷透腦筋。

也因此，我擬定了這樣的作戰計畫：「拿手的計算題部分一定要拿下八成分數，相對地，申論題部分最高只要有拿到六成分數就ＯＫ」，也就是將目標放在「計算題和申論題，合計要答對七成問題」，我這樣分配花費在兩種問題上的心力，以期最終能夠通過六成這個合格標準。

讀書的時候，我也分配較多的時間給計算題；申論題的部分，則是到了考試的前三個月才終於開始背的。

想克服自己不拿手的部分需要花非常多力氣。如果一直讀那些自己不擅長的科目，反而會讓自己無法持續集中精神，所以我是用臨陣磨槍的感覺一口氣把知識輸入腦海的。

當然和其他人比起來，在論文考試這部分，我的分數並不算高。但因為在計算題部分有確實拿到分數，所以我還是只考一次就合格了。

與其試圖克服自己不拿手的部分，拖累讀書進度，還不如在自己拿手的部分好好拿分，以確實獲得高分。

感到束手無策的內容就爽快地放棄吧

學習一種從未接觸過的新知，就實際狀況而言，難免會碰到一些對之「完全束手無策」的內容。若是遇到這種情況，不要太執著於那個部分，懂得何時該爽快地放棄也是很重要的。相對地，只要好好準備其他部分，設法獲得高分就可以了。

說實話，我在考試時也遇到過令我完全束手無策的領域。我非常不擅長其中一個叫做「認定股利（Consent Dividend）」的單元，不管我再怎麼讀都沒辦法進到腦袋裡，結果我決定放棄，並擅自認為「認定股利」這個概念在正式考試時不會考。

但當我通過考試，成為一個稅務代理人並開始工作後，「認定股利」反而成為了我的拿手強項。為了能解決客戶的問題，「我不懂認定股利」這種洩氣話是不被允許的。在拚命滿足客戶要求的同時，自然就變得拿手了。

我前面也提到過，考試與實務所需的知識，兩者在質量上是全然不同的。在考試時可以只懂六成就好，但一旦進入業界，如果沒有十足的把握，就等於辜負了顧客對你的信任。所以我在成為稅務代理人之後，便從頭開始學習「認定股利」這個部分，使它漸漸成為自己拿手的範疇。

讓自己感到束手無策的內容，等考上之後再來克服也不遲。無論如何都無法理解的內容，在準備考試的階段就乾脆地放棄也無所謂。

重點

不擅長的、束手無策的部分，都爽快地放棄吧

不擅長的部分就早早捨棄

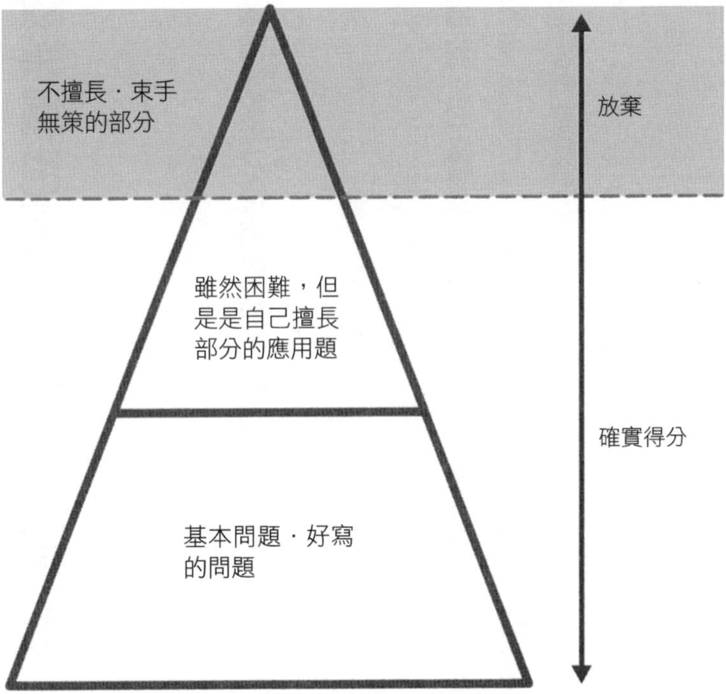

不擅長的地方就放棄，轉而將心力放在「自己擅長部分的應用題」和「基本題」上，以期能確實得分

3 達人級領域也毫不猶豫地放棄吧

逐漸習慣讀書之後容易掉入的「陷阱」

在眾多考試科目中，可以說一定存在有一些達人級領域的知識。

所謂「達人級」，換句話說就是「專業度高，經過深入鑽研的知識」。**一個人念書念得越順利、知識累積得越多，就越有過度深究這類知識的傾向。**

在我曾經歷過的稅務代理人考試中，有一個叫「財務報表論」的科目。關於這個理論，眾學者的意見分歧，所以隨著出題者不同就會有不同的正確答案。假如得知下次考試的出題者為A學者，那麼只要老實地背下A學者的理論，就能接近正確解答了。

然而，還是有人會覺得除了A學者的理論以外，如果不把B學者的理論也背起來就無法善罷干休。更極端的，甚至會自己做出主觀判斷，認為「A學者錯了，B學者的主張才是正確的」等等。

既然你讀書是為了要通過考試，深入了解那些不必記得的知識就只是浪費時間。

想深入了解知識，等通過考試開始工作後再來進行也不遲。

重點

即使知識逐漸增加，也不要因得意忘形而過度深入鑽研知識

4 不做筆記

重點都寫在課本上了

在準備考試的過程中，我完全沒做過筆記。要說最直接的原因，單純只是因為我覺得「太麻煩了」。當然這絕對不是一個值得讚揚的原因，但「不做筆記」這個讀書法本身，我覺得相當適合我的個性。

因為重點幾乎全寫在課本上了，剩下的只要把「沒寫到的部分」寫進書裡即可，如果能用這樣的感覺來讀書，就能夠完成一本「最強的課本」。好好地徹底運用這本教材吧！

試著觀察一下補習班的上課情形，會發現有很多人都拚命地抄寫老師的板書。

老師之所以會寫板書，就證明了那些內容的確都相當重要，但那些內容課本上幾乎都有寫。所以，只要把那些部分用螢光筆畫起來，再將老師補充的寫進課本就可以了。

有些人會猶豫到底該不該直接在課本上塗塗寫寫，但課本可是你自己付錢買下來的「屬於你自己的東西」，所以根本就不需要感到遲疑。盡量在重要的部分畫線、寫下重點吧！直到考試前，應該要盡力地給它寫到滿、翻到皺、用到爛才是。

絕對要畫下來的三大重點

我會畫重點的內容有以下三種：

- 老師寫的板書
- 老師說過「這很重要」的部分
- 自己覺得「這很重要」的部分

除了上述內容外，如果在老師的上課內容或板書中還有自己覺得很重要，但課本裡沒提到的知識，就直接寫在課本的空白處。

在我實際用來「代替筆記本」抄過筆記的課本中，我會用螢光筆及底線將重點整理得一目瞭然，課本沒提到的重點則寫在空白處。此外，偶爾也會在一些頁面上加註許多重點，只要整理整齊，即使事後再讀也能快速抓住重點。如果這樣的方法對各位來說有參考價值，我將會感到很開心。

「抄寫的動作」和「念書」是兩回事

不刻意做筆記，就能夠專心聽老師講解。

如果試圖將筆記整理得既乾淨又整齊，反而會讓人因過度專注於抄寫而分心，並疏忽了「將知識輸入腦海」這個最重要的動作。**如果無法理解並記憶上課的內容，那去上課就沒有意義了。**

雖然聽來理所當然，但去上課的目的並不在於整理出一本完美的筆記，而是要將上課內容吸收進去。筆記做得太工整，會令人陷入一種以為目的已經達成的錯覺，進而放下心來。所以決不能將抄筆記的「動作」和「念書」混為一談。

重點

不要特別做筆記，把重點直接寫在課本上

5

絕對不做「訂正筆記」

直接把課本和題庫當「訂正筆記」用

在準備考證照的考生中，會把自己容易搞混的題目、觀念及容易粗心大意的部分整理成一本「訂正筆記」的人不在少數。

「有時間的時候再把筆記重新看過一遍，以加強自己容易寫錯及不拿手的部分」。上述原因是製作訂正筆記的目的所在，但我本來就不是個會在上課中做筆記的人，自然也不推薦各位使用這種方式。

製作「訂正筆記」不僅浪費時間，還有容易讓人因為完成筆記就滿足了的疑慮。請一定要改掉這個習慣。

我都是把補習班的題庫拿來代替「訂正筆記」。並且為了讓自己只要一看題庫，就能知道自己容易搞混的題目和觀念有哪些而下了一番工夫。

幫助你把知識背熟的螢光筆使用法

一旦開始寫題庫，自然會碰上自己會寫的題目和不會寫的題目。這時，如果想了三分鐘都還寫不出來，那就別再猶豫了，直接看解答，看完解答再回來寫。**想了三分鐘還寫不出來，就是你尚未完全理解的證據。**在自己妄下解釋之前，還是先去看看解答和詳解吧。

詳解裡可能會出現有課本裡沒提到的關鍵字。**所以要認真閱讀詳解，並用螢光筆將關鍵字或重點畫起來。**如果有需要補充的事項，就直接寫在詳解的旁邊。

請事先準備好黃、綠、粉紅三色的螢光筆。一開始使用黃色來畫重點，等下次複習到同樣的地方時，如果還是沒背起來，就用綠色的螢光筆再畫一次。複習過許多次之後，針對那些怎麼都背不熟的地方，就用粉紅色註記。正式考試前，就只需要看這些「畫上粉紅色」的地方即可。

重點部分則要不斷反覆地看，直到自己背得滾瓜爛熟為止。必須不斷重覆這樣的過程，印象才會更深刻。

靠一本題庫獲得三倍知識的「便利貼」使用法

為了澈底活用題庫，我還在便利貼的使用方法上費盡了心思。**我將貼便利貼的位置賦予各種不同的「意義」，並隨著題目的性質改變貼便利貼的位置。**

具體方法如下：

「攻略完成」↓頁面下方

「攻略完成，但是既重要又基本的問題」↓頁面上方

「不會寫，必須重新挑戰」↓頁面左右側

「尚未理解，必須回到課本重新複習」↓頁面斜上方

「攻略完成，但是有點在意」↓頁面斜下方

便利貼的實際貼法如99頁圖示。

話說回來，其實貼便利貼時並沒有所謂「最正確的位置」，請依照個人的方便及喜好來調整。最重要的是必須配合上述五種題目性質，確定好每種題目貼的位置。

「題目性質」五大類

下面針對這五種題目性質作進一步的說明。

「攻略完成」，如同字面上所示，是寫對的題目。最終所有便利貼都能夠被貼在這個位置是最為理想的。

「攻略完成，但是既重要又基本的問題」，即使寫對了依然不減其重要性，所以在考試前最好能夠再看一遍。

「不會寫，必須重新挑戰」，是想了三分鐘後依然不會寫，所以先看過解答的題目。這個部分兩星期後必須再次挑戰。

「尚未理解，必須回到課本重新複習」，是尚未完全理解內容的題目。有必要待時間充裕時熟讀課本及詳解，好讓知識真正消化成自己的東西。

「攻略完成，但是有點在意」，是雖然寫對了，但希望能夠找出其與其他問題的相關性的題目。比如說，在稅務代理人考試的題庫裡，一旦出現「特別折舊」這個關鍵字，那麼它和「折舊」的題目有關的可能性就很高。這時，如果我們能事先在頁面斜下方貼上便利貼，等到折舊的題目出現時，就能找到它們彼此的關連性一起記憶。**詳細的作法我從102頁起還會進一步說明，只要養成了這個「找出相關性」的習慣，就能快速提升讀書效率。**

依照上述方法將題目的性質分為五大類，就能夠整理出「寫對了／寫錯了」、「重點」等大方向，也更能了解自己該做什麼、該讀什麼。

不會寫的題目，兩週後必須再寫一遍

「尚未理解，必須回到課本重新複習」的題目，以及「不會寫，必須重新挑戰」的題目，當然不能就這樣置之不理。

「尚未理解，必須回到課本重新複習」的題目，在重新看過課本理解內容之後，必須再次挑戰。**但也不要因為這次挑戰成功便就此安心，先把便利貼移動到頁面的**

「便利貼」的使用法　五大類

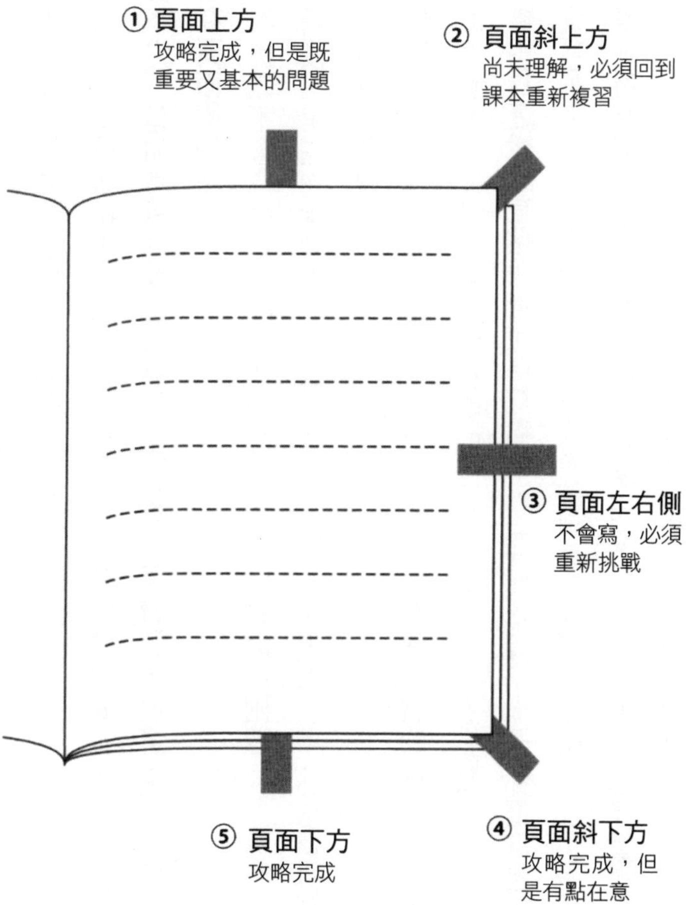
① 頁面上方
攻略完成，但是既
重要又基本的問題
② 頁面斜上方
尚未理解，必須回到
課本重新複習
③ 頁面左右側
不會寫，必須
重新挑戰

④ 頁面斜下方
攻略完成，但
是有點在意

⑤ 頁面下方
攻略完成

左右側（「不會寫，必須重新挑戰」）吧。如果還是寫不出來，就不要更動便利貼的位置（維持在頁面斜上方）。若是挑戰第三次時還是寫不出來，這部分就算是你的不拿手領域，有必要做出乾脆「放棄」的判斷。

「不會寫，必須重新挑戰」的題目，如果再次挑戰時寫對了，就可以把便利貼移動到頁面下方。**但如果自己覺得「雖然勉強算是寫對了，但還是不太放心」，就把便利貼留在頁面兩側。**

距離再次挑戰不會寫的題目的時間間隔，我想應該能以兩週為一個基準（第二次挑戰在兩週後，第三次挑戰則在一個月後）。因為如果過沒多久就重新挑戰，你有可能只會記得解答的寫法。

但即使是幾次都挑戰失敗的題目，也有可能在你準備考試的過程中，由於增強了對該單元的理解度，或是學到一些相關的內容，而在某一天就輕易地解開了。

所以，雖然我這樣說有點像是在自打嘴巴，但就算是寫了三次都還寫錯的題目，也不要輕易放棄希望。在寫完一整本題庫或考試到來之前，再挑戰一次也是可以的。

最後，要把所有便利貼都能夠貼在「攻略完成」的位置這件事當成最終目標。

我在寫完一本題庫時，會將所有「攻略完成」的便利貼全撕下來，並把它當作是一種儀式。一口氣將便利貼全撕下來的那種成就感，是多麼令人心情愉快的一件事啊！

若說課本是以將知識輸入大腦為目的，那麼題庫的目的就是輸出。在題庫變得破破爛爛以前，儘量將自己的思考過程記錄在題庫上吧！

重點

不做「訂正筆記」，而是要讓題庫澈底發揮作用

6

為了提升應用能力，應養成「找出相關性」的習慣

分數不見起色的原因在於「應用能力」不足

明明已經很努力念書了，分數卻還是不見起色。**造成這種現象的其中一個原因就是「缺乏應用能力」**。

例如在稅務代理人考試的申論題部分，會要求考生擁有將背下來的各種理論和條文經過自己重新消化組合後，寫出一篇論文的能力。

即使背下了所有理論和條文，卻無法從中截取必要資訊來重新組合，那就無法獲得高分。如果只是將「A」理論一直當成「A」來記，是怎樣都無法靠自己重新組合資訊的。

缺乏應用能力的人的特徵，就是不懂得如何將自己現有的知識或資訊與其他的知識或資訊做連結。

不能只把「A」理論單純當作「A」來記憶，如果無法將它和「A'」「A"」等資訊連結起來一起記憶，是寫不出能夠通過考試的答案的。

舉例來說，如果出現了「稅務虧損補報」這個關鍵字，不要只是把這個關鍵字背起來，而是要同時想到同為中小法人特例的「備抵呆帳的法定轉入比例」，使兩者產生相關性再一起記憶。這樣一來，不僅對和中小法人特例相關的知識印象會更為深刻，也同時記住了關鍵字，不管是要牢牢記到腦袋裡，還是要找出相關的關鍵字都會變得容易許多。

便利貼可以鍛鍊你「找出關聯性」的能力

所謂「找出關聯性」，換句話說就是要能「俯瞰全體」。想要提升自己「找出相關性」的能力，最有效的方法就是持續我在96頁曾經說明過的「將題目以性質區分並貼上便利貼」的習慣。

讓「找出關聯性」成為習慣

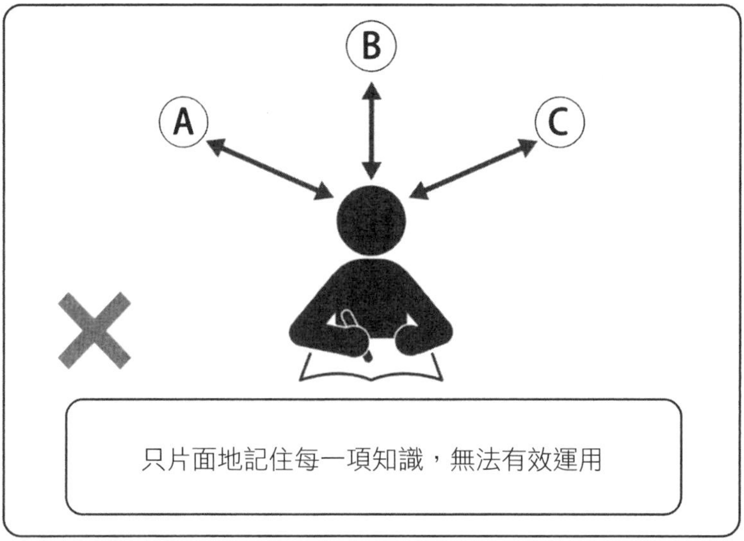

B
A
C
只片面地記住每一項知識，無法有效運用

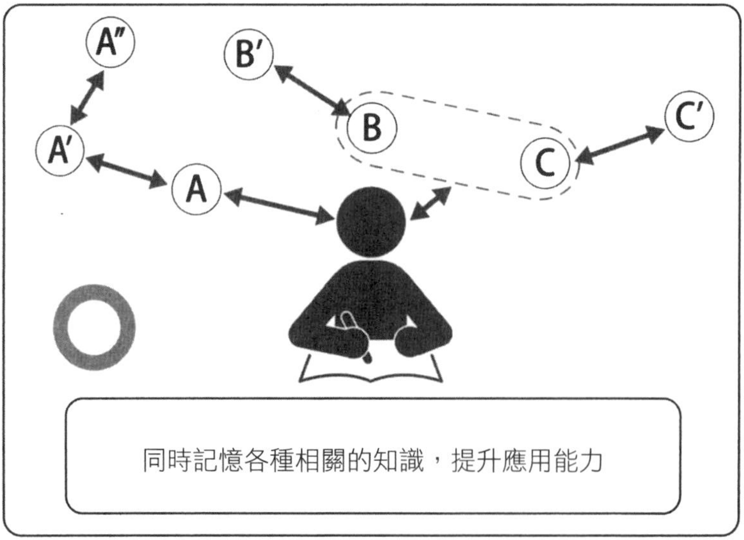

A″
B′
A′
B
C′
C
A
同時記憶各種相關的知識，提升應用能力

在寫題庫及閱讀詳解的過程中，有時候會突然靈光一閃：「這個理論好像跟剛才那裡出現過的理論有關耶」、「感覺這個關鍵字好像會再次出現」等等。這時就把便利貼貼在頁面的斜下方，待會兒再和相關的部分一起複習。這樣一來，不管正式考試時出現哪種案例題，你馬上就能知道要把腦袋裡的哪個資料夾給打開才會出現有用的資訊。

這種「找出關聯性的 sense」既不是特殊能力，也不是與生俱來的才能，更不是取決於你聰不聰明。**一切都只是個「習慣」**。因為一直持續不斷地練習替各種知識找出相關性，所以才自然而然地學會了而已。

另外，平常在工作或生活上隨手抄寫備忘事項時，若能夠利用「圖解法」，也能夠培養俯瞰全體、找出相關性的能力。

練到自己習慣為止

只要將這種「找出相關性」的能力練到出神入化，就能夠掌握住整體概念。**即使念的是其中的一個特定主題，其他主題也能夠一併照顧到。**這聽起來有如夢幻般

鍛鍊自己「找出相關性」的能力的習慣

① 在題庫上貼便利貼

② 隨手抄的備忘事項也要利用「圖解法」

◎「會議中的討論事項」備忘圖例

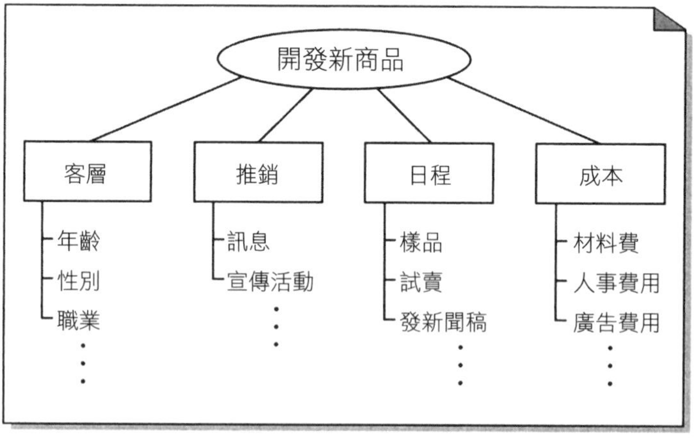

的能力，其實只要靠著「習慣」就能學會。最重要的是，直到自己習慣之前，要能持續不斷地練習。

重點

養成「找出相關性」的習慣，就能提升應用能力

7 預習是「百害而無一利」的

「不帶任何先入為主的觀念」去上課是最好的

在上補習班或函授（DVD．網路）的課程之前，會事先預習的人並不少。雖然想要先預習，再到課堂上吸收更多知識的那份心實在是相當了不起，**但我覺得預習其實也和做筆記一樣沒有什麼太大的意義。**

你從現在起必須開始學習的內容，淨是一些未知的領域。就算在上課前先讀過課文，也不太能夠進到腦袋裡。徒然花費了那些時間，能夠吸收到的知識量卻不如預期。

預習更恐怖的是會讓你在一竅不通的狀態下對內容擅自做出解釋，讓自己「誤以為已經懂了」。外行人再怎麼解釋，也解釋不出個所以然，不如讓自己保持在一張白紙的狀態去聽身為專家的老師講課，還比較能夠吸收知識。

上課目標為吸收當天聽到的所有知識

不事先預習，在課堂上就要投入全副精神，專心聽老師上課。

前面也提到過，我是不作筆記的。也正因為如此，當老師正在寫板書，而其他同學正努力抄下老師寫的板書時，我就多出了一點「自己的時間」可以利用。在這段時間，我會瀏覽一下老師當天要講的部分或是整體的目錄。**不是「預習」，純粹只是「瀏覽」、「稍微看一下」而已。**

這樣一來，就能在老師講解時再次認真閱讀課本上的文章，對老師的講解也能有更深入的理解。

保持這樣的狀態上課，當天上課的內容便幾乎都能夠進到腦袋裡。就好像是一塊乾燥的海綿不斷地吸取水分，使知識可以滲透到身體的每一個角落。

預習「百害而無一利」

✕ 預習時囫圇吞棗，上課時容易搞混

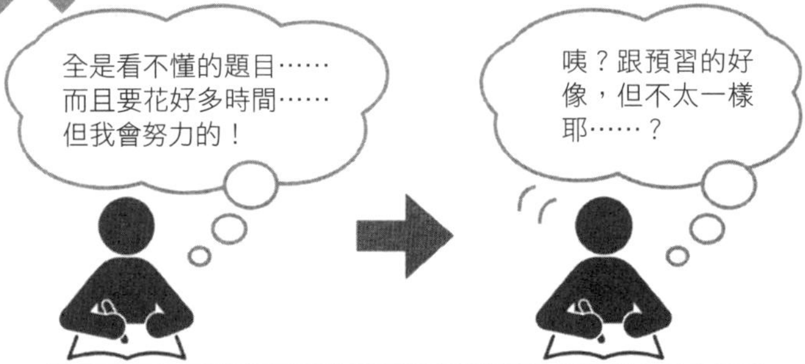

全是看不懂的題目……
而且要花好多時間……
但我會努力的！
咦？跟預習的好
像，但不太一樣
耶……？

預習不僅吸收新知的效率低，上課時還有可能被先入為主的觀念影響

〇 不要預習，不預設立場直接去上課

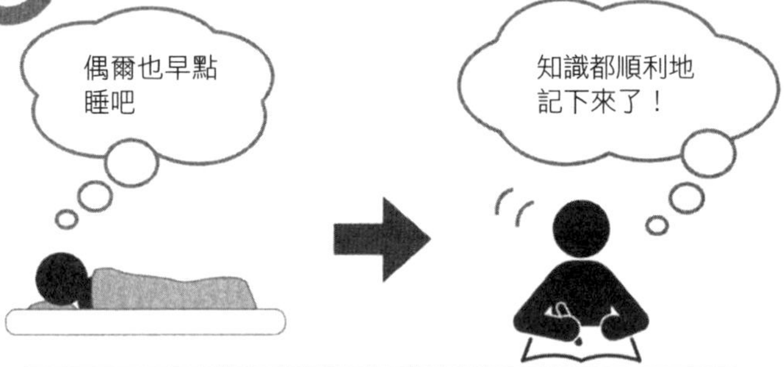

偶爾也早點
睡吧
知識都順利地
記下來了！

以「一張白紙」的狀態去上課，所有知識都能「熱騰騰」地進入腦海

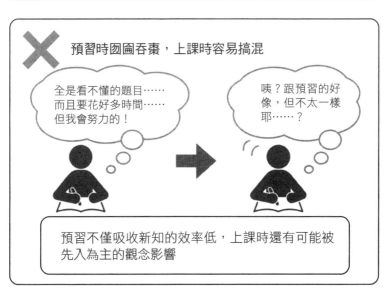

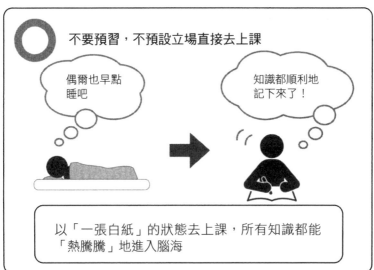

重點

不要預習，「不帶任何先入為主的觀念」去上課

8

複習要有如「魔鬼訓練」般嚴格且頻繁地執行

複習要從「上完課之後馬上」開始

因為不事先預習，所以複習時絕對不允許有任何的妥協。

複習遠比預習來得重要多了。因為可以藉由複習將知識牢牢地記在腦海裡，**所以複習要有如魔鬼訓練般嚴格且頻繁地執行。**

我個人是養成了上完課的當天就馬上複習的習慣。

複習是從「上完課之後馬上」開始的。如果上課時有一些無法完全理解的部分，就要立刻詢問老師。

人們常說「打鐵要趁熱」，所以絕對不能對上課內容留有任何疑問。上完課之後馬上複習，將內容完全理解了之後再回家是最為理想的。

回到家裡之後該做的複習，是重新再看一遍「上課時在課本上用螢光筆畫重點的部分」。這並不需要花費很多時間，大約花個30分鐘專心地複習就可以了。

不要捨不得用題庫

你使用題庫的「時機」和「方法」關係到你是否能夠取得證照。關於「方法」這部分在96～101頁已經詳細地說明過了。接著要說明的是使用的「時機」。

有很多人的讀書習慣是「先把課本的內容全部念完，再來寫題庫」，但我並不推薦這種做法。因為如果從念完課本到挑戰題庫之間的間隔拖得太長，不僅很容易忘記課本的內容，記憶也很模糊。**念課本和寫題庫兩者應該要同時進行，將在課本上學到的東西馬上利用題庫來複習。**

理想的狀況是，最晚能夠在隔天就利用題庫來溫習課本上讀到的內容。在對課本內容記憶猶新時就動手寫題庫，能夠加深對課文內容的理解度，也能夠把內容背得更熟。如果參加了補習班的課程，那麼就應該在下次上課前把所有的題目都寫完。

複習要有如「魔鬼訓練」般嚴格執行

① 「上完課之後立刻」詢問老師

② 回到家之後，重新複習一遍用螢光筆畫過重點的部分

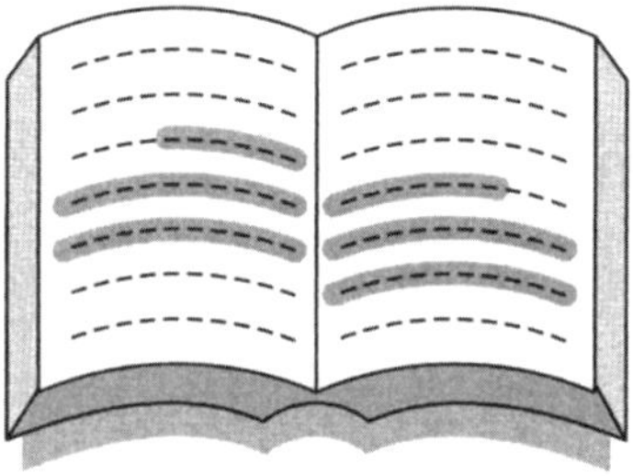

③ 念課本和寫題庫兩者同時進行

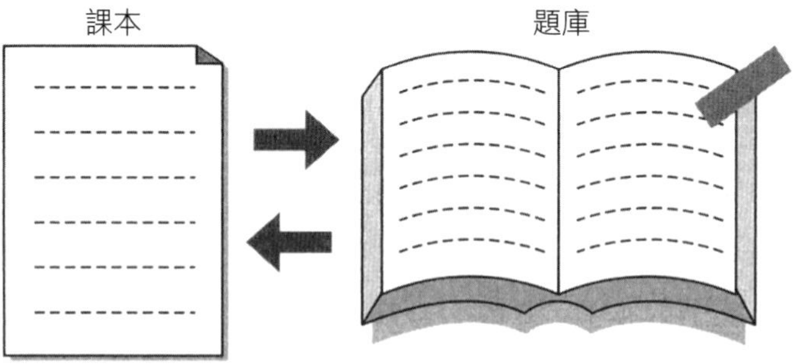

重點

頻繁地複習到自己完全理解為止，絕不妥協

9 利用「最少知識」攻略單選題的訣竅

「零知識」狀態下的解題祕技

許多證照考試中都會出現從複數選項中選出一個正確答案的「單選題」題型。想要有效率地攻略這類「單選題」有以下四大訣竅，只要能夠掌握這些訣竅，就算完全沒有相關的知識也可以答對難易度中等的題目。

攻略訣竅之1　取得最近五年的「考古題」

攻略訣竅之2　將「題目」和「解答」一起記憶

攻略訣竅之3　先看過解答裡的「詳解」

攻略訣竅之4　自己設計「題目」和「錯誤選項」

取得最近五年的「考古題」

第一個訣竅是取得「最近五年的考古題」。是否能夠取得考古題，關係到你能否在考試中取得最後勝利。

我以前曾經因為工作的關係，而需要考壽險與一般保險的「仲介資格考試」。但光是育兒和工作就夠我忙的了，我根本無暇顧及考試。結果一晃眼就來到了考試的前一天。

對此感到驚慌的我，首先就是把前五個年度的考古題看過一遍，試圖抓住出題的方向。

只要去蒐集考古題並且試著寫過就會知道，在證照考試裡，「問題幾乎一模一樣，只是稍微改了一下數字和設定」的這類題目，多到讓人覺得厭煩。也就是說，過去不斷出現的題目，下次再考出來的可能性也很高。只要能夠事先掌握這些題目，正式考試時應當就能夠順利解題，甚至順利到讓你有種「自己是不是正好瞎貓碰到死老鼠啊」的錯覺。

而我也順利地通過了那兩次考試。即使沒有從頭開始看課本的內容（我個人的情況是忙到連讀的時間都沒有），應該也能夠獲得能夠及格的分數。

將「題目」和「解答」一起記憶

第二個訣竅是將「題目」和「解答」一起記憶。

假設有一個題目為「請選出其中一個錯誤的敘述」，並且出現了以下的選項。

「水是由氧與氮結合而成的」

這個選項當然是錯的。「水是由氧與氫結合而成的」，這才是正確答案。

這裡我們必須注意的是，明明「氫」才是正確答案，但題目中卻故意放入「氮」這個錯誤的訊息，想要引人上當。也就是說，我們可以想成，因為「氫」是個重要的關鍵字，所以這個問題才會成立。

如果能像這樣站在「為什麼這個選項是錯的？」的角度來審視題目，自然就能夠發現到考試的重點和關鍵字了。

先看過解答裡「詳解」的部分

第三個訣竅是先把解答裡「詳解」的部分看過一遍。

下面聽起來很像是在講廢話，但如果我們碰到了「請從下列四個選項中選出一個正確的敘述」這樣的問題，就代表著除了正確答案以外，其他三個選項都是錯的。

也就是說出題者硬是編出了三個「錯誤的敘述」。

而能夠為我們「揭穿謎底」的就是解答中「詳解」的部分。詳解裡詳細記載了其他三個選項之所以錯誤的理由。正如之前所說，錯誤的部分極有可能就是關鍵字。也因此，如果能事先閱讀並理解詳解的部分，就能夠以極高的效率學習到重點。

反過來說，如果題庫中解答的「詳解」部分寫得相當詳盡，就是一本好的題庫。

只要用螢光筆在詳解中的重點及關鍵字處作記號，題庫甚至可以直接用來代替課本。

自己設計「題目」和「錯誤選項」

第四個訣竅是由自己來設計「題目」和「錯誤選項」。雖然說是「第四個訣竅」，但實際上可能比較像是「第三個訣竅」的進階版。

只要試著自己出題，就能夠很清楚地了解到出題者的意圖為何。「出題者究竟試圖在哪個地方吸引我上當受騙呢」、「這個關鍵字果然還是沒辦法拿掉吧」等等，重點也會自然浮現。

無論是哪種考題都一定會有負責出題的人，決不會是由機器自動出題的。只要站在出題者的立場想想看，就可以知道「在四個選項中，有兩個完全是用來騙考生上當用的」。這樣一來，即使是完全不懂的題目，寫對的機率也能增加到50％。

即使這些題目能夠統稱為「單選題」，但它們的難易度各不相同。像我之前考過的壽險．一般保險的資格考試裡的單選題，和司法考試裡的單選題比起來，其難度可說是有著天壤之別。

但讀書時是否真正掌握了訣竅，其花費的勞力也截然不同。像準備單選題時不必從頭讀課本，只要好好利用這裡教你的訣竅來讀就可以了。

重點

單選題就好好按照上述的「四大訣竅」來準備

10 將所有論文和條文分成「提出問題」「結論」「理由」「例外」四大要素

把內容轉換成連小朋友也聽得懂的說法後再理解

在各種證照考試中，也有一些考試是論文占了很大的比重。但對於論文式考試感到棘手的大有人在。

在稅務代理人考試中，也有一種論文式題型。我們必須針對「請詳述○○」「關於以上事例，請寫出對納稅人最為有利的方法」等類型的題目，一邊引用法條，一邊在兩張A3大小的紙上振筆疾書。這樣一來，就非得背下數量龐大的理論和條文不可。

在這類論文考試中的得分祕訣，是將理論或條文用自己的話整理出要點後再背起來。

有些補習班或證照考試指南會告訴你說，準備申論題時，要把理論和條文裡的每個「助詞」都背到絲毫不差才是王道。但是，要死背到連「助詞」都不出錯，實在是一件非常辛苦的事。我也曾經因為那樣做實在是太痛苦了，結果反而怎麼樣都背不好。

因此，我嘗試了新的方法：「把內容轉換成連小朋友也聽得懂的說法後再理解」。不要只是一字不漏地背下課本或題庫裡的正確解答，比較不重要的部分應該先經過自己消化濃縮之後再背起來。

找出論文的「架構」

整理要點的訣竅，在於把形成論文整體架構的下列四大要素給找出來。

提出問題 所謂的○○為何

結論（定義）　簡而言之，○○就是××
理由（根據）　因為○○是△△這樣子的
例外　但必須留意○○是□□的情況

將「提出問題」、「結論（定義）」、「理由（根據）」、「例外」這些部分找出來後，用黃色的螢光筆把它們畫起來。之所以要使用黃色的螢光筆，是因為之後還可以在上面重覆塗上其他顏色（這個在128頁會有詳細說明）。

只要將用螢光筆畫上重點的部分連起來，就會自動成為一篇文章的要點整理了。而需要背起來的也不過只有這些畫重點的部分而已。**因為只要靠著這些部分就能將論文的整體架構給一網打盡**，其他的部分就可以毫不猶豫地放手。

你可能會擔心，「要是內容省略成這麼少，會得不到分數的」。但我也已經不斷重申，考證照考試是不需要考滿分的。另外，即使你的某個答案在補習班被打了「×」，但在實際考試時變成「○」（＝不會被打×）的可能性也很高。證照考試並不是種以「讓人考不上」為目的的考試，而是為了判斷你是否具備了能夠持著這張證照執業的基本能力。以稅務代理人考試為例，只要擁有60％的能力就ＯＫ了。

而只要能夠掌握住這四個論文的基本架構，大致上就可以考到及格分數了。

最重要的是要能達到合格的標準。要是太執著於要把理論或條文一字不漏地背起來，以致於為了考試而花費過於龐大的時間，那就太得不償失了。

「技巧」先放一邊。總之先掌握「架構」

在公職考試裡，也要考小論文。雖然小論文的字數比起考律師時的論文式考試或考稅務代理人時的申論題要來得少，但如果在寫小論文時也可以注意到「提出問題」、「結論（定義）」、「理由（根據）」、「例外」這四大架構，就能夠完成一篇可以得分的文章了。

寫小論文時，雖然存在著幾個像是「提出具體的例子」、「使用相反的事例」等可以讓文章看起來更充實的技巧，但若是太過於鑽研技巧，結果寫出了一篇不合主旨的文章，反而是本末倒置。還不如在如何掌握這「四大架構」上下工夫，就可以確實獲得分數了。

我建議各位從平時就養成閱讀報紙上的社論或是頭版專欄（以《朝日新聞》來

將論文・條文分成「四大要素」

提出問題

所謂的〇〇為何

結論（定義）

簡而言之，〇〇就是××

理由（根據）

因為〇〇是△△這樣子的

例外

但必須留意〇〇是□□的情況

說就是〈天聲人語〉）的習慣。如果能一邊用螢光筆畫下文章中的四大要素一邊閱讀，效果會更好。若環境允許，還可以出聲朗讀，或將內容與家人朋友分享，這能讓你的輸出力更上層樓。因為這些文章都緊扣「提出問題」、「結論（定義）」、「理由（根據）」、「例外」等重點寫作，邏輯清晰，相信十分值得各位參考。

重點

掌握「提出問題」、「結論」、「理由」、「例外」四大要素

11 分別使用五種顏色的螢光筆幫助背誦

難懂的文章要以視覺來理解

上一節已經告訴過各位，要將考論文考試時所需的理論和條文背下來的有效作法，就是找到「提出問題」、「結論（定義）」、「理由（根據）」、「例外」等重點，並將它們整理出來。

可以幫助我們整理上述重點的便利工具就是螢光筆。我總是會隨時準備好「黃色」、「橘色」、「綠色」、「藍色」、「粉紅色」等五種顏色的螢光筆。

首先，找出「提出問題」、「結論（定義）」、「理由（根據）」、「例外」這四大架構，並將它們各自用黃色螢光筆畫起來。除此之外，如果還有其他覺得「重要」的部分，也一併用黃色螢光筆畫下來。

這時還不需要換顏色，總而言之先集中精神在找出文章架構這件事上。

等所有該畫上黃色的地方都畫完時，再將其中特別想要記住的重點用其他螢光筆上色。之所以使用黃色當作第一個顏色，是因為它是五種顏色當中最淺的，要在上面覆蓋上其他顏色也較為容易。

我個人會在「結論（定義）」的部分再畫上一層綠色，覺得「重要」的部分則使用藍色。

如此善加利用顏色來做區分，之後如果想要只針對「結論（定義）」部分再複習時，就視覺上來說就更容易找到了。

至於那些老是背不起來的地方，就再塗上粉紅色，把它畫得既花俏又顯眼。只要像這樣用力使用粉紅色螢光筆畫重點，等到考試前一週，就只需要複習這部分，讓複習更有效率。

該在哪個部分塗上哪種顏色，各位可以依照自己的風格自由變換。不過，即使是同一種顏色的螢光筆，也會因為製造廠商的不同而出現些許深淺色差，所以還是經常使用同一家廠商的產品吧。

被括在「括號」裡的條文最重要

我認為特別重要，並且會使用螢光筆重複畫起來的，是條文中出現在「（ ）」裡的文章。

如果是一般的文章，括號裡出現的可能只是一些補充的內容，並不太重要，但在條文的括號裡，寫的經常會是「例外情形」。而這些例外成為申論題重點的情況也不在少數，所以必須特別把它們背下來才行。

我會用綠色螢光筆把「例外」的部分給畫起來。一旦像這樣使用顏色去區分重點，往後就能相當有效率地複習重點部分了。

如果你想考的證照必須背誦法條，務必要注意，不可以輕忽了括號中內容的重要性。

重點

使用五種顏色的螢光筆替難懂的文章畫重點

12 每天讀到最後都留下一題不會寫的題目

故意讓自己感到不安

每一個考生在準備考試時都會感到不安，越是認真念書的考生就越是如此。但我倒覺得這份不安是能夠幫助我們讀書更有效率的好幫手。與其讓自己鬆懈、放下心來，不如讓自己維持在不安的狀態，讀起書來會更有進展。

準備考試時，安心就是你的「敵人」。我因為是那種寬以待己的人，所以安心可以說是我的「天敵」。比如說，當讀書進行得非常順利時，偶爾也會遇到那種「我今天就連一題都沒有寫錯耶」的日子。如果是我，隔天絕對會偷懶不念書，說不定就連再隔天我也會偷懶。我就是沒紀律到這種程度。

所以我會在每天讀書讀到最後時，故意留下一題「不會寫的題目」。基本上我會去寫「不會寫，必須重新挑戰」（便利貼貼在頁面左右側）的題目，偶爾也會去挑戰之前寫了好幾次都寫錯、一度放棄過的困難題目（便利貼貼在頁面斜上方）。

藉由留下一題不會寫的題目，就會令人感到不安：「還有難題留在那裡不會寫……如果考試考出來怎麼辦……」。人類只要懷抱著不安，就會設法去解決問題，所以隔天就能夠抱持著「現在不是偷懶打混的時候」這樣的心情去面對接下來的課業，並準備考試，重要的就是像這樣一天天不斷地累積。

重點

每天讀書讀到最後，都要勉強自己留下一題「不會寫的題目」

13

最強的背誦法還是「出聲朗讀」

就算對背誦不拿手的人也能做到，最簡單且有效的方法

即使背書令我感到非常棘手，但在稅務代理人考試的申論題中，要背的東西像山一樣多，想躲都躲不掉。特別是從正式考試的倒數三個月前開始，我每天都過著一心一意勤奮背書的生活。

在多方嘗試各種背誦法的過程中，讓我感覺效果最好的，是藉由念出聲音來記憶的「出聲朗讀法」。無論你是待在家裡、在家庭餐廳、正在搭捷運、還是在走路……總之，不論在任何地方，都可以使用這個方法，將重要的理論或條文小聲念出來以背誦。

不必向自己強調「我要背起來」也能自然而然記住

我之所以堅信出聲朗讀是「最強的背誦法」，是因為我對於「出聲朗讀的效果」有過非常深刻的體驗。

我二十幾歲的時候，曾經在一家專門編考試用題庫的編輯部打工。

題庫最重要的就在於它的正確度，就算有個萬一也絕對不能出錯。所以會採用「朗讀校對」這個方法，讓一個人把文章念出來，再由另一個人聽聽看有沒有錯，以期做到滴水不漏、絕不出錯。

我當時就是負責做這項工作。當我看著剛編好的題庫時，只要看一眼題目就能馬上知道答案是什麼。

從利用朗讀校對進行確認到成書要花上幾週的時間，而我也不是只負責朗讀校對這項工作。**但神奇的是，只要是有出聲讀過的題目，都會留在自己的記憶裡。**

我在進行朗讀校對這項工作時，是完全沒有「把這些內容背起來吧！」的意識的。我想應該這樣說吧，在機械性地讀出聲來的過程中，這些內容自然而然地就被輸入腦海裡了。**這就是出聲朗讀的力量。**

重點

只要不斷讀出聲來，知識就會自然而然地深植腦海

第4章

考試當天以「能夠得分的思考法」解題

1 在考卷上寫下姓名後，第一個先考量「時間分配」

絕不能小看了填寫「准考證號碼」和「姓名」的過程

考試開始後的第一件事就是在考卷上寫下准考證號碼及姓名等必要資料。也許在考試開始前，會有監考人員事先指示考生們填入這些必要資料。但即使如此，還是養成考試開始之後，馬上再檢查一遍准考證號碼和姓名的習慣吧。

你或許會覺得「妳在講什麼眾所皆知的事啊」，但等到你真的忘了寫，一切就都太遲了。另外，藉由在考試開始後馬上填寫並確認「絕對正確」的准考證號碼和姓名，在精神層面上也能夠獲得「我現在還是滿分」的踏實感。即使「不過只是准考證號碼和姓名」，也絕對不容小覷。

把「考試時間」分成四等分

填寫並確認完准考證號碼和姓名之後，不可以一下子就開始寫題目。要先設定好考試時間的「時間分配」。

而時間分配又分為兩種，分別是「整體考試時間的時間分配」和「每一題的時間分配」。

因為這個部分非常重要，請容我娓娓道來。

比如說，聽到「考試時間為120分鐘，有四個大題」，你會如何進行時間分配呢？

有很多考生會這樣想：「既然考試時間有120分鐘，就表示有120分鐘可以用來解題」、「這樣每大題只要各分配30分鐘就可以了」。**但如果你想要再多得一點分數，這樣的想法就太天真了。**

要說究竟哪裡「天真」，我認為是「考試時間」＝「解題時間」這樣的認知。

實際上應該把「解題時間」分得更細來思考。

我會將整體考試時間分成以下四等分。

①瀏覽所有題目的時間
②解答時間
③檢查時間
④預備時間

一定要留有「預備時間」

「瀏覽所有題目的時間」，是在開始解題之前，快速瀏覽過所有題目和答案卷的時間。藉著快速瀏覽題目一遍，可以掌握住今天的考試的大致輪廓：「出現了哪些題目」、「應該寫下什麼答案」、「應該先從哪個題目開始寫」，進而能夠使心情穩定下來。

「解答時間」，是用來解題的時間。我們可以再以這個時間為基礎，決定「每一大題的時間分配」。

「檢查時間」，是在寫完所有題目之後，進行驗算或再次確認答案的時間。我會在「檢查」時花費較大的心力，這部分在155頁會有詳細的說明。

「預備時間」，就和字面上一樣，是預備用的時間。

你永遠不會知道考試時會發生些什麼事情。檢查和驗算有可能比想像中還花時間，或者事情沒辦法照著原本設定的時間規劃走。萬一碰上這些事，只要還留有一段備用的時間，就能夠把時間上的損失給補回來。另外，因為就精神層面上而言多少也比較輕鬆，所以這樣做還有幫助你保持平常心來解題的優點。

在我曾經考過的稅務代理人考試中，有一個考試科目叫「法人稅法」，它的出題傾向是申論題和計算題各出兩大題，合計共四個大題，考試時間則是120分鐘。我實際做過的時間分配如下：

①瀏覽所有題目的時間：5分鐘
②解答時間：80分鐘
③檢查時間：25分鐘

④預備時間：10分鐘

決定「每一個大題的時間分配」

決定好整體的時間分配之後，接著要決定的是「每一個大題的時間分配」。以剛才提到的稅務代理人考試中的「法人稅法」科目為例，可以用來解答的時間為80分鐘。再將這80分鐘配合四個大題的分量及難易度，分成「A大題：20分鐘、B大題：25分鐘、C大題：20分鐘、D大題：15分鐘」。即使無法在時間內寫完，也要暫時擱置，趕緊先去寫後面的題目。這樣一來，就能夠避免在同一個題目上花太多時間，結果最後發生時間不夠用的情形。

只是，如果考試的題目全都是單選題，時間分配就不需要分到每一題這麼細。只要分配好每大題所需的時間就可以了。

重點

在解題之前先決定好詳細的「時間分配」

把「考試時間」分成四種用途

①瀏覽所有題目的時間

開始解題之前，快速瀏覽過所有題目和答案卷的時間

②解答時間

用來解題的時間。並以此時間為基礎，決定「每一個大題的時間分配」。（即使無法在時間內寫完，只要規定的時間一到，就馬上進行下一個問題）

③檢查時間

寫完所有題目之後，進行驗算或再次確認答案的時間。這裡必須花費最大心力

④預備時間

為免發生意料之外的事情，先留好備用的時間

2

將自己當成出題者思考「配分」

只要能解讀配分的奧祕，就能知道「應該先寫哪一題」

決定好時間如何分配之後，接著要擅自將自己當成出題者，預測會如何「配分」。**這個步驟是用來研究並思考各大題在分數上所占的比重會是多少。**

雖然我這樣一直重覆很煩人，但我還是要強調，考證照不需要考滿分，只要考到及格標準分數就可以了。只要我們能夠大致掌握住配分的比重，就能夠知道「最起碼要懂得多少、答對多少就能及格了」。說得極端些，還可以訂定如下的策略：「A大題和B大題都要確實答對，C大題只要拿到六成左右的分數就可以及格了。如果情況允許，就算D大題拿零分也沒關係」。

另外，也可以採用這樣的戰術：「配分比重低的題目就不要花太多時間，多把時間投資在配分比重可能會比較高的題目上」。

關於「時間分配」和「配分預測」的訣竅，只要多寫考古題、多參加模擬考試就能夠掌握。此外，有些考古題上會同時公布當時的配分，這也可以拿來當作參考。只要在正式考試前的模擬考時，事先養成「時間分配」和「預測配分」的習慣，正式考試時就能不慌不忙、冷靜應對了。

重點

解答前仔細決定好「時間的分配」

「配分」和「心力的分配」

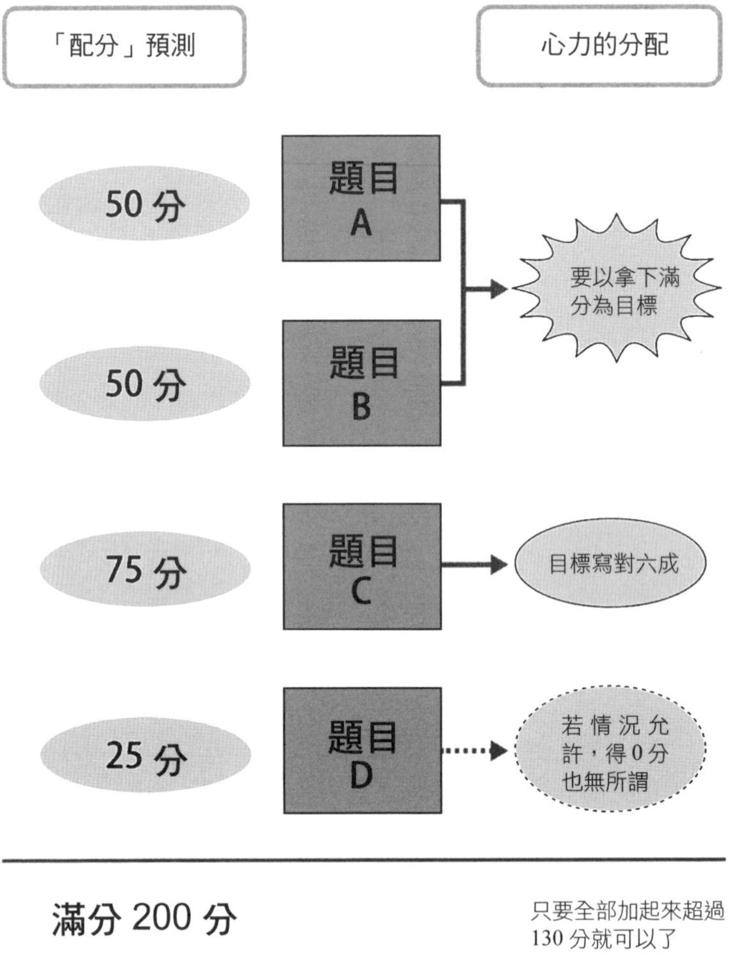

「配分」預測
心力的分配
50 分
題目A
50 分
題目B
要以拿下滿分為目標
75 分
題目C
目標寫對六成
25 分
題目D
若情況允許，得0分也無所謂
滿分 200 分
只要全部加起來超過130 分就可以了

3 總之先從自己會的題目開始解起

掌握「解題的節奏」

結束「時間分配」和「配分預測」兩個步驟之後，就可以開始解題了。此時的大原則是「先從自己會的題目開始解起」。其原理和我在80頁說明過的讀書法「從自己拿手的部分下手」是一樣的。從會的部分開始寫，不但能夠確實得分，解題也會漸漸顯出節奏來。**根本就沒有必要老實地按順序從第一題開始寫起。**

讓全班同學都嚇了一跳的A同學的問題

我之所以會開始意識到「先從自己會的題目開始寫比較好」，都是起因於國中時的某次數學考試。

當時包含我在內，幾乎所有的學生都認為考試時應該按照順序從第一題開始寫起。**但那次數學考試從第一題開始就是異常困難的題目。**

無論怎麼算，都是白費功夫，遲遲算不出答案來。我想，當時我身旁的同學們應該也都和我一樣。

在那樣的情況下，成績不太好的A同學卻突然舉手問道：「老師，第三題我有問題！」全班同學都嚇到了：「就連A同學都已經寫到第三題了嗎？」大家全都顧不得還在考試，逕自議論紛紛了起來。

等到考試結束，大家跑去問A同學真相究竟是如何，A同學才一派輕鬆地說：「啊，那是因為第一題和第二題乍看之下實在是太難了，所以我就先從第三題開始寫了。」「什麼啊，原來是這樣啊！」同學們又是一陣討論，但這正是所謂的，有些事情看似簡單，要當開路先鋒卻是需要勇氣的。「原來只要從自己會的地方開始寫就可以了啊！」確實上了一課的我，在那之後就模仿A同學的做法，最後竟然還靠著它通過了稅務代理人考試，只能說人生真的是難以預料。

在「上半場考試」就獲得一定的分數

著手解題的順序，其實並沒有一定的規則。

「一定能寫對的題目」
「不花時間的題目」
「自己擅長的題目」

只要從這些題目開始寫，就能夠在考試的前半場獲得一定的分數。

明明已經拚了命地用功讀書，卻在必須發揮集大成之功力的正式考試時，因為「第一題太難了」這種理由而平白浪費了時間，若因此導致寫不完那些可以確實得分的題目而落榜，未免也太哀傷了。

若「分配到的時間」用完了，就算寫到一半也要換下一題

即使是在第二題之後，若是太執著於同一個問題，甚至用掉了「預備時間」，花費的時間比一開始分配的還多也是很危險的。**預備時間不過只是用來維持「內心平靜」的時間罷了。**如果用掉這段時間，很有可能會令人感到慌張，或是犯下平常絕對不可能會錯的粗心大意的錯誤。

我們在141頁已經決定了「每一題的時間分配」，如果「分配到的時間」用完了就要換到下一題。我也能夠了解各位「我好不容易都已經寫到這裡了」這種遺憾的心情，但因為我們的目的是要讓總分能夠比及格標準來得高，所以應該將不致於影響到整體的時間分配這件事當成最優先的考量。

但如果是「再花1～2分鐘就能確實解開問題」的狀況則例外。一口氣將問題給解開吧。就是為了這種關鍵時刻，才要事先安排好「預備時間」的。

重點

先從可以迅速、流暢地解決掉的題目開始寫

4 「檢查」比「解題」更重要

把考試時間的20％留給檢查

「瀏覽所有題目」、「解答」、「檢查」和「預備用」。考試時的這四種時間分配，我認為最重要的是用來「檢查」的時間。沒錯，「檢查」比「解答」來得更為重要。所以在整體考試時間裡，至少要留20％左右的時間作為檢查用。

154頁的圓餅圖，是我心目中「最理想的時間分配」。

所謂的檢查其實是「自我評分」

到目前為止，我一直不停地提到「檢查、檢查」的，自己也不禁感到有些惶恐

理想的時間分配

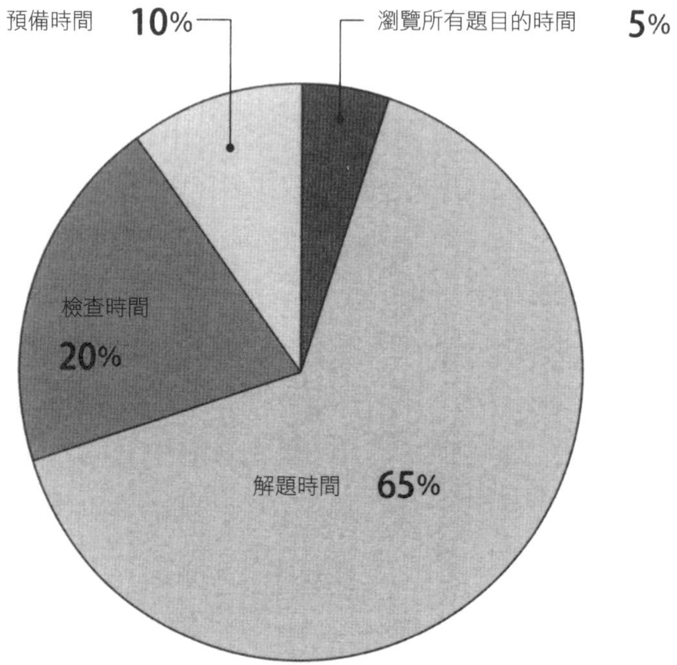

將全部時間的約 20% 拿來做「檢查時間」

了起來，因為我所說的「檢查」，也許更接近於「自我評分」也說不定。

檢查要在「解題時間」結束之後馬上開始。首先要做的是在題目旁的空白處做上「○」、「△」、「×」這三種記號，進行最初步的自我評分。

「○」……絕對是正確答案。怎麼想都是正確答案

「△」……似乎只差一點點就能寫對，但沒把握這就是正確答案

「×」……沒自信。很難。是不擅長的題目

做完這個階段的自我評量之後，**接下來的第一步是乾脆地把打「×」的題目給拋在腦後。**因為寫對的可能性實在太低了，所以不應該將有限的寶貴時間花費在這個地方。

第二步是檢查打「○」的題目。**打「○」的題目，是能夠以100%的自信說出自己「絕對會寫對」的題目。**所以這些題目只要至少檢查過兩次，確定沒有因為粗心大意而寫錯，也就可以暫時放在一邊了。

接著，就把我們之前辛辛苦苦保留下來的、充裕的「檢查時間」，用在打「△」的題目上面吧。打「△」代表的是「這應該就是正確答案了，但我沒把握」，或者是「只要再努力一下就可以解開了，但是有點困難」的題目。

在自己寫下的所有答案中，還有可能大幅拉高分數的就在這些題目上。**只要能將打「△」的題目全部都變成「○」，合格大概也是十拿九穩的事了。**所以要將全副精神集中在這些題目上，不到自己覺得「絕對沒問題了！」為止，絕不放棄思考。一定要一題一題地確實將「△」改變成「○」。

「放棄打×的題目也是不得已的事。但一旦著手作答的題目就要全部都寫對」

必須要以如此強烈的決心來面對打「△」的題目。

重點

以「凡是作答的題目就要全部寫對」的心情來檢查考卷

檢查其實是「自我評分」

◎「自我評分」三等級

○ …絕對是正確答案。怎麼想都是正確答案

△ …似乎只差一點點就能寫對，但沒把握這就是正確答案

× …沒自信。很難。是不擅長的題目

◎ 進行檢查的方法

「×」 放棄打「×」的題目

↓

「○」 檢查打「○」的題目有無因粗心大意寫錯

↓

「△」 絕不放棄思考，將打「△」的題目改變成「○」

5 要放棄，等「不合格通知」寄到再說

絕對要謹記在心的最重要的事

走筆至此，本章已經告訴各位許多「考試當天以『能夠得分的思考法』解題」的訣竅，但最後我還要告訴各位一件非常重要的事。雖然可能是極度千篇一律的道理，但這真的非常重要。

那就是「不要在考試途中放棄」。

請各位想像一下。你現在正在考試，正在為了把打「△」的題目改變成「○」做最後的努力。

就在你檢查時，發現了自己的答案裡有個小錯誤。只要把這個錯誤修正過來，

這一題就能打「○」了。剩餘的考試時間為一分多鐘。但要把答案改正似乎會花上三分鐘左右的時間。

……在這種時刻，你難道連一秒都不曾想過「可能來不及了」嗎？

「最後一划」定勝負

在零點幾秒的世界裡競爭的游泳比賽，有著「最後一划」定成敗的說法。我以前曾聽過連續兩次在奧運中獲得金牌的北島康介選手說，「我將我回過頭來確認時間的那一刻設定為自己的終點，而不是在我的手觸及終點的那一刻」。

考試也是一樣的。考試結束的瞬間，並不是在監考委員喊「停」的時候，若能把終點設定在那之後，就能夠直到最後都不放棄，完全發揮自己的實力了。

雖然這不太容易，但因為是關係到自己一生的證照考試，所以我希望各位至少可以擁有就算人家喊「停」，也不要就此放棄的氣魄。

「像我這樣的外行人跟人家考什麼稅務代理人，根本就是個錯誤」

我甚至認為在「考試結束之後才放棄」都還嫌太早了些，**想放棄，等成績單寄到之後再澈底認輸也不遲。**

第一年考稅務代理人時，我報考了「簿記論」這項會計科目。這項科目非常困難，但若想成為稅務代理人，這是無可避免的一道關卡。

在我立志要考上稅務代理人之後的一年內，我自認為有好好地一面接受補習班老師的幫助和家人的支持，一面利用我前面介紹過的那些讀書法儲備考試所需的知識。

但實際的考試卻遠比我想像中的還要困難。一共出了三大題，無論哪一大題都難如登天，「時間分配」和「配分預測」什麼的全都忘了個精光，就連想好好檢查的餘力都沒有。而且時間完全不夠用，三題裡的最後一題我幾乎完全來不及寫，只能眼睜睜地空下那題把考卷交出去。考試結束後，我只剩下絕望的感覺。

「像我這樣的外行人跟人家考什麼稅務代理人，這樣的決定根本就是個錯誤」

當時我是認真地這麼想的。

我一出考場，就直奔最近的車站大樓裡的百貨公司，一邊哭一邊搜括高價的餅乾和巧克力，完全是自暴自棄亂買一通。當時我們家七個人一天的伙食費只有3000日圓，像這樣狂買甜點是非常奢侈的事情。我一邊想著「把這些甜點吃掉之後，就放棄吧」，一邊回到家。

先生的話使我再度向前邁進

稅務代理人的考試是在八月，公布成績則是在十二月。一般人應該會為了要考過「第二科」而從九月開始念書。但第一次接受稅務代理人考試「洗禮」的我，完全迷失了目標，陷入自暴自棄的狀態：「我不要再念書了，我要放棄。」

我帶著大量的甜點回到家，並說出我的「決心」之後，我先生只笑著對我說：「妳就念到結果出來再說嘛，就算妳待在家裡，光做家事也只會讓妳覺得很辛苦不是嗎？」

因為受到這句話的鼓勵，我勉強在「傷停時間」*的這四個月內開始念第二科財務報表論。到了決定命運的十二月，我竟然收到了奇蹟似的「合格通知」。

正因為我有過這樣的經驗，所以我現在才能抬頭挺胸地說，想要放棄，等「不合格通知」真的寄到了之後再說也不遲。

重點

在正式接到「不合格」通知之前都不要放棄

*譯註：足球用語。指在比賽中用來補償因球員受傷而耽擱掉的時間。

第5章

不敗給考試壓力的「心靈」鍛鍊法

1

積極參加模擬考

學會「重組知識作答的能力」

若想在正式考試時有效輸出讀書的內容，就要靠著模擬考累積經驗，進而讓自己習慣考試，這點是非常重要的。

如果沒有事先練習過就直接上場，即使想在正式考試時有好的表現，也往往無法稱心如意。如果說平時的準備是輸入，那考試就是輸出。如果你無法學會以自己的方式重組知識並解答的能力，而只是將學習到的知識原原本本地丟出來，那是無法在正式考試時獲得高分的。

各大補習班等單位都會定期舉辦模擬考，而且任何人都可以參加。**我當時雖然只去上了某間補習班的課，但我也很積極地報名參加其他補習班主辦的模擬考。**也就是去「踢館」的意思。

出現在模擬考中的考題，都是各補習班根據過去考試的出題傾向所編成的。所以去參加各種不同補習班的模擬考，是種相當划算的練習。

參加各種模擬考的好處

讓我再針對「參加各種不同補習班的模擬考」這件事進行更詳細的說明吧。

實際上，同一間學校的模擬考會有出題傾向都很類似的問題。而且因為各家補習班的出題傾向或評分標準會有些微的不同，所以即使是看似相同的考題，也有可能出現「在A補習班可得80分，在B補習班卻只有50分」的情形。

而參加多次模擬考的意義，就在於去面對這樣的現實。

假設在A補習班得了80分，在B補習班卻只得了50分，我們就可以去分析「為什麼分數會有這麼大的差距」。這樣一來，也許我們就可以得出「雖然AB兩間補習班都很重視『理由（根據）』，但B補習班對於『例外』這部分也很要求去做出深入的探討」這樣的結果。這樣分析起來，就更能加深入理解，並且也更能夠寫出可以獲得高分的答案了。

若在AB兩間補習班都一樣得了80分，就可以想成是，就某種程度上來說，你對那個考試範圍已經相當熟練了。另一方面，如果在AB兩間補習班都只得了50分，就表示你尚未充分理解這次的考試範圍。

因為可以藉由上述方法得知自己的理解程度，並且再做加強，就這層意義上來說，多去參加補習班的模擬考是很重要的。

掌握自己容易粗心犯錯的部分

參加過幾次模擬考之後，就能夠察覺自己比較容易粗心犯下哪一類的錯誤。因為在考試時很難保持平常心，所以也容易粗心犯下平常不會犯的錯誤。

就我個人來說，我發現因為自己很不擅長快速地使用計算機，所以常因為太慌張而按錯。只要掌握住自己容易犯下的失誤，就可以採取諸如冷靜下來按計算機，或是謹慎進行驗算的策略。拿我來說，一般人多只會利用計算機驗算兩次就OK的題目，我一定會驗算三次，並規定自己「只要三次都是相同的數字就OK」。因為

多去參加模擬考，以找出自己的弱點

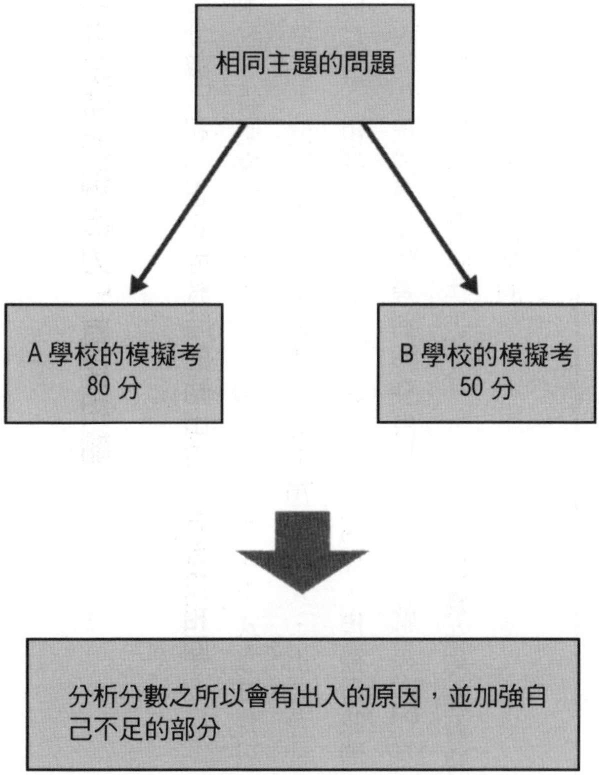

前兩次都在同一個地方打錯，結果第三次算出來的才是正確答案的事也是所在多有的。

和「正式考試時的輸出力」直接相關

「模擬考的分數」和「正式考試時的輸出力」有直接相關。

舉個例子來說，假使模擬考時考了「70分」，而在正式考試時只要能考到70分就能通過及格標準了。但我認為模擬考時只考了70分的人，正式考試時能夠獲得的分數還會再打個七折，也就是只能考到「49分」。同理，模擬考時考了「80分」的人，他也只擁有能夠在正式考試時考到80分再打八折，也就是「64分」的能力。也就是說，如果及格的標準設在「70分」，不事先培養在模擬考時能夠考到「85分」的實力，是沒有希望可以合格的。

重點

多參加模擬考，以培養穩定的輸出力

參加各種模擬考的好處

① 可以掌握「時間分配」及「配分」的感覺

② 能夠使自己習慣考試時特有的緊張感

③ 能夠找出自己的弱點所在

④ 提升自己在正式考試時的輸出力

2

自考試日前一週起，只需要不斷重複「重點複習」

複習「必考的重點」

進入考試倒數前一週時，與其再往腦海裡放進新的知識，不如集中精神重新確認「必考的重點」。

此時的得力助手便是已經用螢光筆畫上重點、寫上筆記的，自己專屬的教材與題庫。**只要針對那些老是背不起來而塗上粉紅色的部分、以及題庫裡貼上「攻略完成但重要」的便利貼（頁面上方）的部分做複習，就能夠將重點一網打盡。**

不要過度受周圍的情報所影響

逼近考試時，也可能會有「某某時事會入題」等等之類的各式情報滿天飛。特別是牽涉到法律的證照，更極有可能出現與最接近當時的修法相關的問題。

例如固定在每年八月舉辦的稅務代理人考試裡，就有可能出現與該年四月進行的稅制改正相關的題目，或是與在社會上引起軒然大波的議題有關的題目。

當然，對於這些主題具備最起碼的知識也是很重要的，但是在逼近考試時絕對不能過度受到這些情報影響。特別是在考試倒數前一週，好好地複習自己到目前為止念過的部分，以確保自己沒有半點遺漏，並且能夠確實得分才是第一要務。

重點

考試倒數前一週起，無論如何都要在「複習」上下工夫

3 考試前一天要悠閒地度過

處處留心，度過最後一天

可能的話，最好能在考試前一天就住進考場附近的飯店做準備。因為你永遠不知道考試當天會發生什麼事。因天候不佳或事故等因素導致交通工具停駛，或是在捷運裡肚子突然痛了起來，而不得不跑廁所等，這些都是有可能發生的。如果可以在前一天就住到考場附近，當天就能從容地移動到考場了。

為了隔天能讓身體保持在最佳狀態，前一天不要熬夜、趁早就寢是相當重要的。雖然我能理解各位想要作最後衝刺的心情，但如果考試當天昏昏欲睡，或是身體突然出了狀況，那麼之前花了那麼長時間所做的一切努力就都白費了。

考試前一天晚上，也有可能會因為精神亢奮而遲遲無法入睡的，但即使睡不著，只要能夠躺下來，身體就能夠獲得休息。所以大家還是早點鑽進被窩裡吧。

考試當天會用到的必需品，也請在前一天就準備妥當。如果到了當天早上才慌慌張張地發現「少了那個、這個也缺了」，是絕對不可能以平常心來面對考試的。

一旦接近考試日期，一定要事先去看考場，以掌握交通與當地的狀況。

另外，也一定要事先確認並確保一種以上的交通方式。這樣一來，即便發生了如前述般因事故造成列車停駛的情況，因為知道還有其他的交通方式，就能夠沉著冷靜地面對突發狀況。

織田信長之所以能夠以寡敵眾，於「桶狹間之戰」中獲得勝利，就是因為他熟知戰場的地形與天候的緣故。所以事前能親眼確認考場這個「戰場」的相關資訊是相當重要的。

重點

考試前一天要極力避免讓自己發生意外・生病・受傷等事件

4

有助於在考試當天更精確發揮實力的「儀式」

做好與開場時間同時進入考場的心理準備

考試當天，最好能提早從家裡或飯店出發，並且時時提醒自己，最晚也要在開始考試的一個小時之前到達考場。我參加稅務代理人考試時，就提早了兩個小時到考場，並在附近的咖啡廳裡進行最後的確認。

盡可能早點進考場也很重要。最好能做好與開場時間同時進入考場的心理準備。**考場裡充斥著一種獨特的緊張感，其氣氛和模擬考時相比是完全不同的。**藉著及早就座，可以幫助自己習慣考場的氣氛。

借助「咒術」的力量

另外，我也建議各位，在考試當天帶著可以幫助自己保持平常心的，擁有如「咒術」般效果的物品。

我當時便是食用了在讀書之前一定會喝的營養補充品，而且我還一口氣喝掉了向來在「決勝時刻」時才會喝的機能性飲料。當然並不是說只要喝了這些東西就保證一定能獲得「多拿○分」等具體的效果。**但只要能夠得到「好！我都這麼做了，絕對沒問題的！」這種心理上的效果就很足夠了。**這可以說完全就像是一種「咒術」吧！其他還有聽自己喜歡的音樂、穿上戰鬥服等方法，只要是能讓自己保持平常心參加考試的物品或行動，做什麼都可以。

重點

培養出一種能讓自己的精神狀態穩定下來的「儀式」

5 在考場時，要表現得讓別人覺得自己很強很厲害

可以考慮採用強勢的態度

考場裡聚集有各式各樣的人，但你完全不需要去在意身旁的這些人。就像我之前提到過的，證照考試並不是一場和他人的競爭，而是和自己的競爭。達到考試的及格標準才是最大的目的。

所以，絕對不可以因為太在意周遭的人，覺得「那個人好像很會念書」而感到害怕，或者是聽到別人交談說「這裡會考，那裡也會考」，而被這些情報給迷惑。**要相信自己。要對努力至今的自己擁有自信，強烈地相信「自己會合格」的這個信念是很重要的。**

對於那些被考場裡的氣氛給震懾住，無法保持平常心的人們，我也有個辦法；雖然這不是個可以抬頭挺胸推薦給大家的方法，但是能在會場中找到一個看起來比自己還糟、還不可能考上的人，也不失為解決的對策之一。「和那個人比起來，自己絕對辦得到」，只要能這樣想，就能夠掌握住能使自己恢復自信的關鍵。

一旦試題卷發下來，考試便開始了。雖然剛開始的考卷還是被蓋住的，但在這個時間點就必須進入戰鬥狀態了。

就我來說，我會用幾乎要把考卷給鑽出一個洞的視線直盯著考卷瞧，心想「讓我看到從背面透出來的題目吧」。當然並不是說這樣就一定可以清楚地看見題目，而是要以這樣的氣勢贏得勝利、一舉金榜題名。

重點

以幾近違反禮儀的強勢態度參加考試

後記

當時才27歲的我，其實並沒有什麼太大的野心，或是對人生抱有遠大的願景。只是個一心想要從每天都被家務追著跑的生活中逃脫，才下定決心報考稅務代理人的清閒家庭主婦而已。當時去上補習班的時間，是我唯一能夠好好喘口氣的時刻。

而且我還是個在臨盆之際傳來稅務代理人考試合格的消息時，心裡還想著「本來可以就此全心投入工作的說……。我為什麼這麼不走運啊」的，不及格的媽媽。

但我現在，不但是一家全公司有20位女性員工的事務所的負責人，在我的顧客裡，還有日本東京證券交易所上市公司的子公司，以及外資企業在日本成立的法人公司。就算我搭乘時光機，回到那個時候告訴當時的我，她也絕對不會相信的吧。

不過，我之所以能夠兼顧育兒與工作，也是托了稅務代理人這份工作的福。剛開始時我一天只能工作三小時，後來隨著孩子逐漸成長，才慢慢增加工時。孩子上幼稚園時，我可以從白天就開始工作；上小學時，我可以認真工作到傍晚；上國中後，即使夜深了我也可以待命。等到上高中，也就可以出差過夜了。

我如果在企業內任職，絕對不可能實現這種任性的工作方式。而實際的情況，也正是讓許多女性不得不因此被迫放棄工作的原因。

雖然是件理所當然的事，但我之所以能成為稅務代理人，是因為我「為了取得稅務代理人資格而開始念書」。而要問我為什麼開始準備考試，則是因為我除了會念書之外沒有半點才能的緣故。

請大家不要誤會喔，我絕對不是在說「我頭腦很好」。無論是鋼琴、網球也好，還是繪畫、手工藝也罷，我真的沒有其他任何才能（順帶一提，我從三歲就開始學鋼琴了，但我的努力完全沒有結果）。

如果我有學琴的天分，我的目標就不會是當個稅務代理人，而會是專業的鋼琴家了吧。但我除了會讀書外，完全沒有其他優點。

讀書是沒有一定的規則的。也不像高爾夫那樣，有不到一定水準就無法出場比賽之類的限制。每一個人都可以按照自己的步調走，只要今天的自己比昨天多學了一項新東西，努力提升自己的水準，那就是讀書的成果了。

如果你想要實現一個與現狀相比稍微好一點的人生，那麼沒有比「讀書」更適合的工具了。

剛開始準備稅務代理人考試的時候，我連簿記三級的資格都沒有。這樣的我之所以可以突然報考簿記論，並且一次及格，都要多虧了當時在TAC*執教的猿渡千秋老師。他不僅沒有因為我搞不懂「累計折舊」（Accumulated Depreciation）和「遞延及應付帳目」（deferred and accrued accounts）而追著他跑就對我感到厭煩，反而還仔細地指導我。想要聽簿記論的課，最少也必須要有簿記二級水準的知識。會問這麼基礎的問題的學生，教室裡除了我以外沒有其他人。

「如果妳能事先幫我把黑板擦得乾乾淨淨，我待會兒就教妳。」我不知道在下課後的教室裡接受過多少次老師一對一的指導。

「老實說，我本來以為妳會跟不上，在中途就放棄了呢。」當我去向老師報告我考上稅務代理人的好消息時，猿渡老師溫柔地瞇起了眼睛這麼對我說。如果他知道我將我報考稅務代理人的經驗，寫成了一本和讀書法有關的書，我想他一定會露出親切的笑容對我說：「真是太好了」，在天堂裡這麼稱讚我吧！

都是多虧了遇見猿渡老師，才會有現在的我。無論是一次相遇，或是一本書，都擁有可以改變人生的力量。雖然僅能盡上微薄之力，但如果這本書能夠成為各位讀者獲得自己想要的人生的契機，我想沒有比這更令人感到開心的事了。

最後我要對幫助我將想法化為實際行動的中經出版的前田浩彌先生，以及改變了我的人生的猿渡千秋老師，致上我的謝意。

著者

*譯註：日本當地專門開設講座、輔導學員取得證照的補習班。

Note

國家圖書館出版品預行編目資料

零時間也能考上的犀利讀書法：媽呀！我這樣從家庭主婦變成會計師 / 原尚美作；賴曉錚譯. -- 初版. -- 新北市：智富, 2012.12
面；　公分. --（風向；55）

ISBN 978-986-6151-36-1（平裝）

1. 讀書法　2. 考試　3. 學習方法

019　　101016733

風向 55

零時間也能考上的犀利讀書法：媽呀！我這樣從家庭主婦變成會計師

作　　者／原尚美
譯　　者／賴曉錚
主　　編／簡玉芬
責任編輯／楊玉鳳
封面設計／張雅婷
插畫繪製／柯光曜
出 版 者／智富出版有限公司
負 責 人／簡玉珊
地　　址／（231）新北市新店區民生路 19 號 5 樓
電　　話／（02）2218-3277
傳　　真／（02）2218-3239（訂書專線）
　　　　　（02）2218-7539
劃撥帳號／19816716
戶　　名／智富出版有限公司
　　　　　單次郵購總金額未滿 500 元（含），請加 50 元掛號費
酷 書 網／www.coolbooks.com.tw
排版製版／辰皓國際出版製作有限公司
印　　刷／長紅彩色印刷公司
初版一刷／2012 年 12 月
　　二刷／2013 年 10 月

ISBN／978-986-6151-36-1
定　　價／240 元

黏貼處

生活好書・輕鬆心靈

世潮精典・智慧同行

電話：(02) 22183277
傳真：(02) 22187539

廣告回函
北區郵政管理局登記證
北台字第 9702 號
免貼郵票

231新北市新店區民生路19號5樓

世茂
世潮 出版有限公司 收
智富

黏貼處

請沿虛線剪下裝訂寄回，謝謝！

讀者回函卡

感謝您購買本書，為了提供您更好的服務，歡迎填妥以下資料並寄回，我們將定期寄給您最新書訊、優惠通知及活動消息。當然您也可以E-mail：Service@coolbooks.com.tw，提供我們寶貴的建議。

您的資料（請以正楷填寫清楚）

購買書名：____________________

姓名：____________ 生日：______年____月____日

性別：□男 □女 E-mail：____________________

住址：□□□______縣市______鄉鎮市區______路街
______段______巷______弄______號______樓

聯絡電話：____________________

職業：□傳播 □資訊 □商 □工 □軍公教 □學生 □其他：______

學歷：□碩士以上 □大學 □專科 □高中 □國中以下

購買地點：□書店 □網路書店 □便利商店 □量販店 □其他：______

購買此書原因：____ ____ ____ ____ ____ ____（請按優先順序填寫）

1封面設計 2價格 3內容 4親友介紹 5廣告宣傳 6其他：______

本書評價：____ 封面設計 1非常滿意 2滿意 3普通 4應改進
____ 內　容 1非常滿意 2滿意 3普通 4應改進
____ 編　輯 1非常滿意 2滿意 3普通 4應改進
____ 校　對 1非常滿意 2滿意 3普通 4應改進
____ 定　價 1非常滿意 2滿意 3普通 4應改進

給我們的建議：